品讀文化

周進芳 編著

菜根譚的智慧

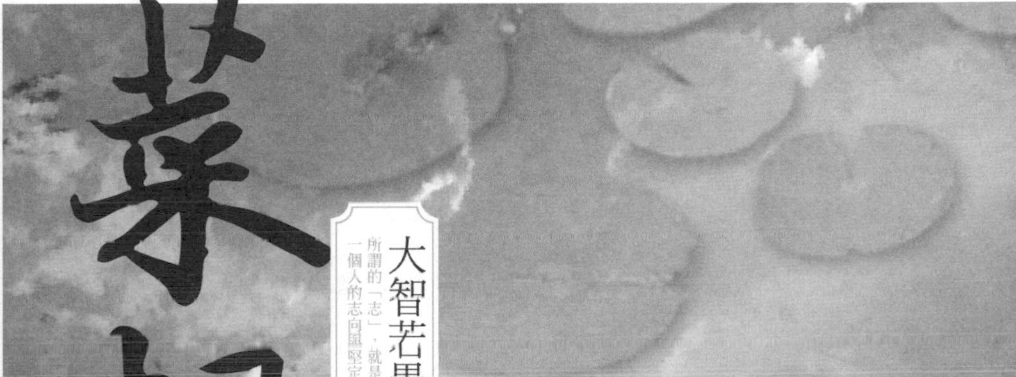

大智若愚

所謂的「志」，就是指一個人的志向與堅定的信念。

一個活得灑脫的人，不應為身外之物所牽累，不受富貴名利的誘惑

吃虧是福

這絕不是阿Q式的精神自慰

「骨氣」是「氣節」的基礎，
「氣節」是「骨氣」的延伸和昇華。

在生活中，為了做到做人有原則，
就要給自己設下一道道德底限，
明確什麼事情是能做的，
什麼事情是不能做的。
行為有節制，辦事有策略，
才可能成就宏大的事業。

與其為世俗浮華和虛誇所累，
勞心費力的去追求榮華，追求富貴，
不如追求精神上的昇華，
享受屬於自己的平靜而和諧的生活。

永續圖書線上購物網 讀品文化事業有限公司

WWW.foreverbooks.com.tw yungjiuh@ms45.hinet.net

POWER系列 38

菜根譚的智慧：大智若愚

編　　著　周進芳
出 版 者　讀品文化事業有限公司
執行編輯　廖美秀
美術編輯　林于婷

社　　址　22103 新北市汐止區大同路三段 194 號 9 樓之 1
TEL／(02)86473663
FAX／(02)86473660
總 經 銷　永續圖書有限公司
劃撥帳號　18669219
地　　址　22103 新北市汐止區大同路三段 194 號 9 樓之 1
TEL／(02)86473663
FAX／(02)86473660
出 版 日　2012年09月
法律顧問　方圓法律事務所　涂成樞律師
CVS代理　美璟文化有限公司
TEL／(02)27239968
FAX／(02)27239668

國家圖書館出版品預行編目資料

菜根譚的智慧：大智若愚 / 周進芳編著.
-- 初版. -- 新北市 : 讀品文化, 民101.09
面 ; 公分. -- (POWER系列 ; 38)
ISBN 978-986-6070-50-1(平裝)
1.修身

192.1　　101013339

大智若愚

所謂的「志」，就是指一個人的志向與堅定的信念。

鄭板橋曾說過一句話，
是他一生閱歷的高度概括和總結。

吃虧是福，
這絕不是阿Q式的精神自慰。
「骨氣」是「氣節」的基礎，
「氣節」是「骨氣」的延伸和昇華。

在生活中，為了做到做人有原則，
就要給自己設下一道道德底限，
明確什麼事情是能做的，
什麼事情是不能做的。

行為有節制，辦事有策略，
才可能成就宏大的事業。

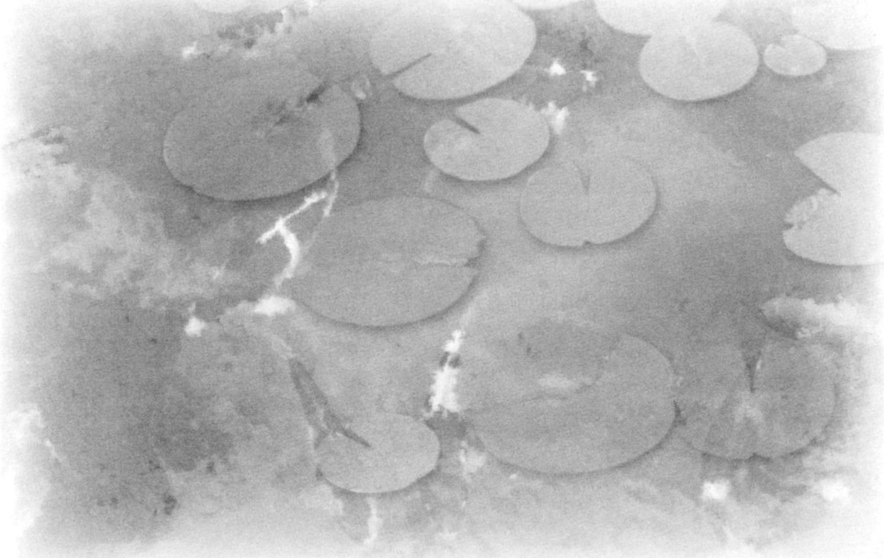

彼富我仁，彼爵我義，
君子故不為君相所牢籠。

別人有財富我堅守仁德，別人有爵祿我堅守正義。一個高風亮節的人，絕對不會被君主的高官厚祿所束縛或收買。

——明．洪應明《菜根譚》

棲守道德者，寂寞一時；依阿權勢者，淒涼萬古。達人觀物外之物，思身後之身，寧受一時之寂寞，毋取萬古之淒涼。

堅守道德節操的人，只不過會遭受一時的冷落；可是那些依附權勢的人，卻會遭受千年萬載的淒涼。胸襟開闊且通達事理的人，重視物質以外的精神價值，且能顧及到死後的名譽問題，所以，他們寧願承受一時的寂寞，也不願遭受永久的淒涼。

——明．洪應明《菜根譚》

一、不受功名利祿的誘惑

人情反覆，世路崎嶇。

行不去，須知退一步之法；

行得去，務加讓三分之功。

人世間的人情冷暖是變化無常的，人生的道路是崎嶇不平的。因此當你遇到困難走不通時，必須明白退一步的爲人之道；當你事業一帆風順時，一定要有謙讓三分的胸襟和美德。

——明・洪應明《菜根譚》

處世讓一步爲高，退步即進步的張本；待人寬一分是福，利人實利己的根基。

爲人處世都要有讓人一步的態度，才算高明。因爲讓人一步，就等於爲日後進一步做好了準備；待人接物以抱寬厚真誠的態度，爲最大快樂。因爲給人家方便，是日後給自己留下方便的基礎。

——明・洪應明《菜根譚》

二、待人寬一分是福

一、不受功名利祿的誘惑

別人有財富我堅守仁德，別人有爵祿我堅守正義。一個高風亮節的人，絕對不會被君主的高官厚祿所束縛或收買。堅守道德節操的人，只不過會遭受一時的冷落；可是那些依附權勢的人，卻會遭受千年萬載的凄涼。胸襟開闊且通達事理的人，重視物質以外的精神價值，且能顧及到死後的名譽問題，所以，他們寧願承受一時的寂寞，也不願遭受永久的凄涼。別人有財富我堅守仁德，別人有爵祿我堅守正義。一個高風亮節的人，絕對不會被君主的高官厚祿所束縛或收買。堅守道德節操的人，只不過會遭受一時的冷落；可是那些依附權勢的人，卻會遭受千年萬載的凄涼。胸襟開闊且通達事理的人，重視物質以外的精神價值，且能顧及到死後的名譽問題，所以，他們寧願承受一時的寂寞，也不願遭受永久的凄涼。別人有財富我堅守仁德，別人有爵祿我堅守正義。一個高風亮節的人，絕對不會被君主的高官厚祿所束縛或收買。堅守道德節操的人，只不過會遭受一時的冷落；可是那些依附權勢的人，卻會遭受千年萬載的凄涼。胸襟開闊且通達事理的人，重視物質以外的精神價值，且能顧及到死後的名譽問題，所以，他們寧願承受一時的寂寞，也不願遭受永久的凄涼。別人有財富我堅守仁德，別人有爵祿我堅守正義。一個高風亮節的人，絕對不會被君主的高官厚祿所束縛或收買。堅守道德節操的人，只不過會遭受一時的冷落；可是那些依附權勢的人，卻會遭受千年萬載的凄涼。胸襟開闊且通達事理的人，重視物質以外的精神價值，且能顧及到死後的名譽問題，所以，他們寧願承受一時的寂寞，也不願遭受永久的凄涼。別人有財富我堅守仁德，別人有爵祿我堅守正義。一個高風亮節的人，絕對不會被君主

彼富我仁，彼爵我義，
君子故不為君相所牢籠。

——明・洪應明《菜根譚》

棲守道德者，寂寞一時；
依阿權勢者，淒涼萬古。
達人觀物外之物，思身後之身，
寧受一時之寂寞，毋取萬古之淒涼。

——明・洪應明《菜根譚》

做人要有原則

《菜根譚》中寫道：「不昧己心，不拂人情，不竭物力，三者可以為天地立心，為生民立命，為子孫造福。」意思是說：不蒙蔽自己的良心，不做不盡人情的事，不過分浪費物力，假如能做到這三件事，就可以為天地樹立善良的心性，為萬民創造生生不息的命脈，而為後代子孫創造永恆的幸福。

「不拂人情」看起來要求並不高，實際上卻常常有人在不知不覺中犯了這方面的錯誤。下面的故事雖有些誇張，卻也能帶給我們很多啟示。

應該說，《菜根譚》中總結的「不昧己心，不拂人情，不竭物力」的做人原則是比較精準到位的。

在生活中，爲了做到做人有原則，就要給自己設下一道道德底限，明確什麼事情是能做的，什麼事情是不能做的。如果心裡早有原則和定見，就不至於到時候做出違背自己本意或者良心的事情。例如：某人求你做一件事情，給你一筆小錢。如果你預先沒有定見，沒有原則，就很可能糊里糊塗的就接受了，但事後覺得後悔，卻不知道如何挽救，因爲假如要還給對方，就會顯得你反覆無常，但這卻是你心裡仍然無法接受的事情。

做人有原則，可能在某些事情上，的確會處理得不太圓滿，但是只要有一貫性，而且你的原則沒有問題，總收益總是大於損失的。

一個人只有恪守做人的原則，行爲有節制，辦事有策略，才可能成就宏大的事業。

注重氣節有骨氣

《菜根譚》中寫道：「趨炎附勢之禍，甚慘亦甚速；棲恬守逸之味，最淡亦最長。」「事業文章隨身銷毀，而精神萬古如新；功名富貴逐世轉移，而氣節千載一日。君子信不以彼易此也。」

意思是說：攀附權貴的人，固然能得到一些好處，但是為此招來的禍患，卻是最淒慘而又來的最快速；能安貧樂道棲守自己獨立人格的人，固然很寂寞，但是因此所得到的平安生活，時間最久，趣味也最濃。事業和文章，都會隨著人的死亡而消失，只有偉大的精神才萬古不朽；功名利祿富貴榮華，都會隨著時代的變遷而轉移，只有忠臣義士的志節會永遠留在人間。可見，一個有才德理想的君子，絕對不可以放棄能留名青史千秋萬世的氣節，去換取會隨身銷毀的東西。

這裡強調的就是做人要注重氣節。氣節，是表示個人行為品性的概念，具有德行主體的積極態度的含義。具體的講，是一個人或者一個民族自尊心和自信心的表現。氣節是一個人為維護人格、民族的尊嚴和利益所表現出的犧牲精神和對抗勇氣。

從某種意義來說，氣節也就是骨氣，但「氣節」的適用主體稍有差異。「骨氣」一般是對維護個人人格尊嚴而言，「氣節」是指德行主體維護民族尊嚴和利益而言。

「骨氣」是「氣節」的基礎，「氣節」是「骨氣」的延伸和昇華。

做文章，人們多崇尚「魏晉風骨」；學書法，人們多臨摹顏柳體的豐筋多骨；運丹青，人們不以繪出龍虎的頭腳鬚鱗為極致，而是刻意追求龍虎的氣力與精神。爲文習字做畫尙且如此，做人更應如此。人無骨不立，民族無氣節不存。窮不變節，賤不易志，就很貼切的道出了這種精神。

一個人在困窘失意的時候不改變自己的節操；在地位低下的時候，不改變自己的志向，這就是骨氣。骨氣作爲完美人格的外在展現其突出的表現就是不堪忍受屈辱，不甘落後，銳意進取。

莊子甘爲「孤豚」、「犧牛」，甘願逍遙物外，不願到楚王膝前爲相；屈原不忍亡國之痛，毅然投汨羅江以身殉國。不論是莊周，還是屈原，他們的做法我們並不一定要效仿，但他們的人格和骨氣，卻很値得稱讚。

骨氣作爲完美人格的外在展現，其內在的動因究竟是什麼呢？

孟子說：「富貴不能淫，貧賤不能移，威武不能屈；」王勃說：「窮且益堅，不墜青雲之志。」由此可見，骨氣是與志相關聯的。而所謂「志」，就是指一個人的志向與堅定的信念。朱自清先生一身重病，寧可餓死絕不領美國的「救濟糧」，是出於他對帝國主義的無比憎恨……

骨氣作爲一種人格力量和出於對美好理想的執著追求與堅定信念，它可以使一個人自立、自主、自強，在任何情況下都保持高尚的操守。

詩仙李白，在身處於逆境的情況下，以浪漫詩人的情調高吟《夢遊天姥吟留別》，唱出了「安能摧眉折腰事權貴，使我不得開心顏」的心聲；宋人周敦頤作《愛蓮說》云「自李唐來，世人甚愛牡丹，予獨吾愛蓮之出淤泥而不染，」言明自己的操守；林逋在《省心錄》中說，「大丈夫見善明，則重名節如泰山；用心剛，則輕生死如鴻毛；」劉禹錫在《學院公體三首》中講：「昔賢多使氣，憂國不謀身，目覽千載事，心交上古人；」張說在《五君・詠》中盛讚：「處高心不有，臨節自爲名」……這一切都說明了人格力量的偉大和人們對有骨氣者的讚賞。

孟子說：「魚，是我喜歡的，熊掌，也是我所喜歡的，如果二者不可兼得，只有捨棄魚而取熊掌。生命是我所愛好的，義理，也是我所愛好的，如果二者不可兼得，只有捨棄生命而取義理。」

與其為世俗浮華和虛誇所累，勞心費力的去追求榮華，追求富貴，不如追求精神上的昇華，享受屬於自己的平靜而和諧的生活。

不為五斗米折腰

《菜根譚》中寫道：「曲意而使人喜，不若直躬而使人忌；無善而致人譽，不如無惡而致人毀。」意思是說：一個人與其委屈自己的意願去博取他人的歡心，還不如以剛正不阿、光明磊落的言行而遭受小人的忌恨；一個人根本沒有善行而無緣無故地接受他人的讚美，還不如沒有惡行劣跡而遭受小人的誹謗。

李白在一首詩中寫道：「安能摧眉折腰事權貴？使我不得開心顏。」歷史上剛直不阿、傲視權貴的人屢見不鮮，他們因品德高尚而備受世人尊敬。

公元三九九年，晉安帝在位的時候，東晉的朝政越來越腐敗了，會稽郡一帶爆發了孫恩領導的農民起義。過了兩年，十幾萬起義軍逼近建康，東晉王朝出動北府兵，才把起義軍鎮壓下去。

這時候，東晉的統治執政內部又亂了起來。桓溫的兒子桓玄佔領了長江上游，帶兵攻進建康，廢了晉安帝，自立爲帝。過了三四個月，北府兵將領劉裕打敗桓玄，迎晉安帝復位，打那以後，東晉王朝已經名存實亡了。

在這個動盪不安的年代裡，在柴桑這個地方，有一個出名的詩人，名叫陶潛，又叫陶淵明，因爲看不慣當時政治腐敗，在家鄉隱居。

陶淵明的曾祖父是東晉名將陶侃，雖然做過大官，但不是士族大地主，到了陶淵明這一代，家境已經很貧寒了。陶淵明從小喜歡讀書，不想求官，家裡窮得常常三餐不濟，但他還是照樣讀書做詩，自得其樂。他的家門前有五株柳樹，他給自己取個別號，叫五柳先生。

後來，陶淵明越來越窮了，靠自己耕種田地，也養不活一家老少。親戚朋友勸他出去謀一官半職，他沒有辦法，只好答應了。當地官府聽說陶淵明是名將後代，又有文才，就推薦他在劉裕手下做了個參軍。但是，不久，他就看出當時的官員將軍互相傾軋，心裡很厭煩，便要求出去做個地方官。上司就把他派到彭澤（在今江西省）當縣令。

當時做個縣令，官俸是不高的。陶淵明一不會搜刮，二不懂貪污，日子過得並不富裕，但是比起他在柴桑家裡過的窮日子，當然要好一些。再說，他覺得留在一個小縣城裡，沒有什麼官場應酬，也還比較自在。

有一天，郡裡派了一名督郵到彭澤視察。縣裡的小吏聽到這個消息，連忙向陶淵明報告。陶淵明正在他的內室裡捻著鬍子吟詩，一聽到來了督郵，十分掃興，只好勉強放下詩卷，準備跟小吏一起去見督郵。

小吏一看他身上穿的還是便服，驚訝的說：「督郵來了，您該換上官服，束上帶子去拜見才好，怎麼能穿著便服去呢！」

陶淵明向來看不慣那些依官仗勢、作威作福的督郵，一聽小吏說還要穿起官服行拜見禮，更受不了這種屈辱。他歎了口氣說：「我可不願爲了這五斗米官俸，去向那號小人打躬作揖！」

說著，他也不去見督郵，索性把身上的印綬解下來交給小吏，辭職不幹了。

陶淵明回到了柴桑老家。他覺得這個亂糟糟的局面跟自己的志趣、理想距離太遠了。從那以後，他下決心隱居過日子，空閒下來就寫了許多詩歌文章，來抒發自己的心情。

陶淵明「不爲五斗米折腰」的品格成爲了千古美談。《菜根譚》中「曲意而使人喜，不若直躬而使人忌」的觀點，正是對「不爲五斗米折腰」的品格的頌揚。

富貴不淫，貧賤不移

《菜根譚》中寫道：「君子處患難而不憂，當宴遊而惕慮；遇權豪而不懼，對煢獨而驚心。」意思是說：君子雖然生活在患難惡劣的環境中不憂愁，可是當他參加宴飲安樂悠遊時卻能知道警惕，以免無意中墮落迷途；君子即使遇到有權有勢蠻不講理的人，也絕不畏懼，但是遇到孤苦無依的人，卻具有同情救助之心。

這和儒家歷來所主張的「富貴不能淫，貧賤不能移」的思想是非常接近的。

一次，孔子對顏回說：「顏回，你過來！你家庭貧困處境艱難，爲什麼不去做官呢？」

顏回答：「我之所以不願意做官，是因為我城外有五十畝的地，足夠供給稠粥；城內的十畝土地，足夠穿絲麻；彈琴足以自求娛樂，所學先生的道理足以讓自己感到快樂。因此我不願意做官。」

孔子非常高興的說：「你能有這樣的想法，我感到十分欣慰！我聽說：『知足的人，不以利祿自累；審視自得的人，損失而不憂懼；進行內心修養的人，沒有官位而不慚愧。』我誦讀這些話已經很久了，現在在顏回身上才看到它，這是我的心得啊！」

人無高低貴賤之分，卻有貧窮富貴之別。但無論是富人還是窮人。均不可喪失一個做人的氣節與品性。有的人生活貧窮時，正直善良，樂善好施，而一旦生活富裕起來，便使人性情大變，彷彿忘了自己的根本。他們自恃高貴，瞧不起他人，甚至橫蠻無理。還有一類人，他們由於自己很窮，便窮得沒了志氣，喪失了自尊，不惜一切求助他人，甘爲他人做階下之囚。對於一個真正的人來講，這兩種做法都是不可取的。

下面的這則故事很貼切的告訴了我們一些做人的道理。

魯國國王想學習三皇五帝的學說，從事三皇五帝的事業，敬重賢人之士，親自去做一些賢君之事。雖然是這樣想的，但魯王又總是憂心忡忡，覺得自己安全沒保障，架子也放不下來。

楚國賢人熊宜僚來魯國，看穿了魯王的心思，便建議說：「大王去南越吧！那裡的民風古老純樸，人無私心，人們行爲舉止很隨意。您去那裡，可以拋掉庸俗的念頭，修成大道。」

魯王著急了：「那兒山高路遠，沒有車船，我該怎麼辦？」

熊宜僚說：「不要以爲自己是國王，就放不下架子；也不要安於自己的高位，就邁不開腳步。您本人不就是一輛用不壞的車子嗎？您的頭顱就是控制方向的車把，您的體力就是駕車的馬匹，您的雙腳就是車輪。」

魯王又擔心：「那地方很偏遠，又沒什麼人煙，我跟誰做鄰居呢？我沒有糧食、酒肉，吃什麼呢？」

熊宜僚說：「把您的享受量盡量降低，讓您的慾望和俗念盡量減少，這樣即使您吃了上頓也愁下頓，您也會把糠菜當成美食。要把自己看成一個實實在在的人，既不要自視爲王侯，自己嬌貴自己，也不要爲自己成了平民而自卑，瞧不起自己的貧賤。這樣，富貴的日子能過，貧賤的日子同樣能過。如果富貴不會成爲自己驕縱的本錢，那麼貧賤也就不會成爲自己生活的負擔。把地位、物質這些身外之物拋開，人就成了一個很有修養的人！」

古人除了主張「富貴不能淫，貧賤不能移」，還強調「威武不能屈」。也就是《菜根譚》中強調的「遇權豪而不懼」。在這方面，蘇武爲我們樹立了很好的榜樣。

蘇武是西漢時期的皇帝侍從。漢武帝時，我國北方的遊牧民族——匈奴，經常派騎兵騷擾漢朝邊境，殺人放火，搶奪財物，不但給漢族人民的生活帶來很大痛苦，而且也威脅到漢朝的封建統治者。

漢武帝即位以後，派出軍隊，多次擊敗匈奴的進攻。匈奴的首領且鞮單于害怕漢朝軍隊乘勝追擊，就故意裝出和好的姿態，把以前扣留的漢朝使節放了一些。

漢武帝得知這一消息後很高興，馬上派正直廉潔、有膽有識的蘇武，率領張勝、常惠等一百多人，帶著大批禮物再次出使匈奴。

臨行前，漢武帝召見了蘇武，親手把旌節交給他。這是一根七八尺長的木棍，頂部彎曲的地方掛著一串用毛做成的絨球，表明使節的身份，同時是使臣出使的憑證。蘇武接過使節杖，大義凜然的說：「只要我人在，這節杖就不會丟，使命就不會受辱。」

蘇武一行風餐露宿，長途跋涉，終於到達了匈奴單于居住的地方，見到了單于。誰知單于是個吃硬不吃軟的傢伙，見蘇武送禮上門，就以爲漢朝軟弱求饒，所以對蘇武及使臣們傲慢無禮，態度專橫，蘇武忍辱負重，完成了使命，正準備返回長安時，發生了一件意想不到的事。

原來幾年前，漢朝使者衛律出使匈奴後不久就投降了，並被單于封爲王。衛律原來的副使虞常對衛律賣身投靠匈奴的做法一直不滿，見到老朋友張勝後，他就和張勝暗中商量，想乘單于出外打獵時，劫持單于的母親，殺了衛律。然而正當他們七十多人準備起事時，有人告了密。於是單于逮捕了虞常，並想趁機逼迫蘇武投降。

衛律奉令威逼蘇武投降，遭到嚴辭拒絕。蘇武說：「我是漢朝使者，如果喪失了氣節，使國家受到侮辱，活下去還有什麼意思？」說著便拔出寶劍，向自己身上猛刺，衛律慌忙抱住蘇武，奪下劍來，然後找來醫生爲他包紮傷口。

單于聽到這個消息，不禁對蘇武的愛國氣節產生了敬意，他更感到讓蘇武投降，爲自己創圖霸業的重要性。他讓衛律當著蘇武的面審問虞常和張勝。

衛律把蘇武叫來，先把虞常一刀砍死，嚇得張勝當場表示投降。衛律乘機要挾蘇武說：「你的副使都認罪投降了，你作爲正使也要治罪。」

蘇武嚴肅的回答：「我奉命來與匈奴結好，和張勝既非同謀，又非親屬，憑什麼治我的罪？」

衛律理屈詞窮，揮刀要殺蘇武。蘇武毫不畏懼，迎上前去說：「你要有膽量殺死堂堂漢朝使臣，就快點動手吧！」

衛律見硬的不行，就用高官厚祿來勸降，誰知蘇武一聽勃然大怒，破口痛罵道：「你背叛了君主和父母親戚，不知廉恥，還有什麼臉跟我說話？」

單于見蘇武軟硬不吃，又生一計，想用艱苦的生活環境來消磨蘇武的愛國意志，誘使他最終投降。

於是下令把蘇武放逐到北海（今俄羅斯西伯利亞貝加爾湖）去放羊。臨行前，單于對蘇武說：「等你放的公羊產了奶，你才能回去。」

北海荒無人煙，一年到頭白雪皚皚，連鳥獸也很難見到。有時蘇武餓得沒有辦法，就掘開野鼠洞，掏洞裡的草料來充飢。

每天，他一面放羊，一面撫弄「節杖」，希望有那麼一天，能夠拿著節杖，重返祖國。

天長日久，節杖上的絨毛脫光了，成了一根光禿禿的棍子。但蘇武仍視爲生命的支柱，連睡覺的時候，都緊緊的抱在胸前。就這樣，蘇武在匈奴生活了十九年。

公元前八十一年，漢朝與匈奴幾經交涉，匈奴才把蘇武及其隨員九人放回長安。長安的老百姓聽說蘇武回來了，都出來迎接。他們看到滿頭白髮的蘇武，手裡還緊緊握著那根光禿禿的「節杖」，無不感動得熱淚盈眶。

古人說：富貴不能淫，貧賤不能移，威武不能屈，這樣的人才是真正的大丈夫！

有所為，有所不為

《菜根譚》中寫道：「欲路上事，毋樂其便而姑為染指，一染指便深入萬仞；理路上事，毋憚其難而稍為退步，一退步便遠隔千山。」意思是說：關於慾念方面的事，絕對不要貪圖輕易可得的便宜，不合理的佔為己有，一旦貪圖非分享樂，就會墜入萬丈深淵；關於義理方面的事，絕對不要由於害怕困難，而產生退縮的念頭，因為一旦退縮，就會和真理正義有千山萬水之隔。

這裡強調的就是「有所爲，有所不爲。」

人要在滾滾紅塵裡、橫流物慾中、功名利祿下、美色誘惑前，保有平常心態、超然情懷，視若無物，才能靜下心來做事。一般的人通常耐不住寂寞，耐得寂寞的則不是一般的人。古往今來的智者賢者成功者，莫不是耐得寂寞、安於平靜的。

著名醫學家李時珍耐得二十七年的寂寞，寫下了醫學巨著《本草綱目》；司馬遷在屈辱中耐得寂寞，終有紀傳體史學的奠基之作《史記》問世；文學巨匠列夫．托爾斯泰爲了能靜心完成巨著《復活》，吩咐僕人對外宣佈他已死亡；作家蘇童成名之後，上門的採訪者、崇拜者絡繹不絕，各種專訪、研討會邀請函如同雪花般飛來，蘇童卻很冷靜地表示門外的繁華與自己無關；二〇〇二年度諾貝爾文學獎的得主匈牙利作家凱爾泰斯，一向拒絕採訪，不出席各種會議，以至幾種版本的《世界文化名人辭典》都查不到他的名字。

一位著名的學者說：「我們有許多做研究學術的、創作的，就吃虧在不能耐得寂寞、總是怕別人忘記了他。由於耐不得寂寞，就不能深入地做學問，就難有所成。」蘇聯作家法捷耶夫就是這樣，雖然在二十九歲就登上蘇聯文壇，並憑藉《青年近衛軍》一書而當上了蘇聯作協主席。但是，自此以後，因爲他忙著出訪、開會、作報告，就再也沒有寫出任何一篇小說。

「十年寒窗無人問，一舉成名天下知。」這句話從另一個角度上看，則表現出了寂寞與成功的關係。名人之所以出名，那是因爲他們在能夠在無人聞問的寂寞中努力不懈的做事情。

「聖人韜光，賢人遁世。」要想成才、成功、成大氣候，除本身的天資、才能、毅力、識見等因素外，甘於淡泊，耐得寂寞則是不可或缺的重要條件。因爲人生短暫，時間和精力有限，如果不甘於寂寞，沉溺於花花世界之中，就不可能有足夠的時間和精力作保證，就難於在學業和事業上有所成就。

多追求修養，少追求物質

《菜根譚》中寫道：「寵利毋居人前，德業毋落人後，受享毋逾分外，修為毋減分中。」意思是說：追求功名利祿時，不要搶在他人之前；進行品德修養、創辦事業時，不要落在他人之後。享受物質生活，不要貪圖超過自己允許的範圍；修養品德時，不要達不到自己分內所應達到的標準。

人生的一切慾望，歸納起來可分為兩種：精神慾望和物質慾望。為了滿足這兩種慾望，相對的就產生了兩大追求：精神追求和物質追求。庸人、小人把物質慾望當作人生的全部，所以沒有多少精神方面的追求。君子、賢人精神的慾望特別強烈，但是卻也不能沒有物質的慾望，所以他們得承受這兩種慾望，他們比庸人、小人多承受了一份人生痛苦，只是他們最終能以精神慾望居於主導地位，達到一種具有偉大包涵力的嶄新的心理和諧。這種有偉大包涵力的嶄新和諧，就是「安貧樂道」。

孔子在陳國斷了糧，跟隨的人都餓病了，不能起身。子路忿忿不平的問孔子說：「難道君子也有窮困的時候嗎？」

孔子說：「君子安守窮困，小人窮困便會胡作非爲。」

君子安貧樂道，達觀知命。如孟子所說，雖然「無恆產」，但「有恆心」，所以，能夠安守窮困，「貧賤不能移」。小人既「無恆產」，又「無恆心」，所以，一旦窮困，就會失去分寸，胡亂作爲！

需要指出的是，這裡說孔子「在陳絕糧」，固然指的是經濟窮困，但我們理解這段文字卻不應僅僅侷限於經濟窮困方面，所有的人生挫折，事業坎坷，人到了窮途末路，都可以理解爲「窮」的範圍。而凡是到了這些關頭，君子都應該具有「固窮」的胸襟和氣度，既來之，則安之，走出困境。而不應該胡作非爲，鋌而走險或投機取巧，甚至屈態變節，苟且偷生。

其中意義，不過是一個人應當如何戰勝逆境，走出困境的問題。自古雄才多磨難，聖人尚有斷糧餓飯的時候，我們受一點窮困又算得了什麼呢？

面對困境，有品德的人總是能夠固守崇高的節操，他們也因此而受到世人的景仰，著名作家朱自清就爲我們樹立了光輝的典範。

朱自清一生過著淡泊清苦的生活。早年，母親含辛茹苦供他求學，他讀大學的學費，是他的夫人賣了金首飾貼補的。在中學教書時，他的穿衣打扮完全像個鄉巴佬。到清華任教後，情況有所改善，但因子女多，開銷重，他的生活仍不富裕。抗戰期間，他的日子更難過了，所穿的衣服幾乎不成樣子。

一九四二年冬，昆明異常寒冷，他既沒有大衣，也沒有錢縫製棉袍，只好買了一件趕馬人披的氈披風，出門時披在身上，睡覺時當被褥鋪。每天早晨，他就披著這件披風從所住的鄉下趕到學校去上課。他的樣子實在太特別了，引起街上許多人注意，但他昂首闊步，自有風趣。在不少當年聯大學子的回憶中，朱自清教授身上的這件披風，煞是聯大的一種特別的傲骨精神。

朱自清雖窮，卻窮得極有志氣，表現出錚錚鐵骨般的硬漢風格。政府官員曾多次請他出去做官，他不屑一顧；仕宦要人親自登門拜訪，他避而不見；達官貴人請他吃飯，他把自己反鎖在屋子裡，拒不出席；某名流要他寫「壽序」，出價三千元，他拒而不寫……。因爲勞累和貧困，到抗戰結束時，他的健康完全摧垮了，他仍然多次帶頭在反飢餓、反內戰宣言上簽名。

至一九四八年六月十八日，他已是重病在身，無錢醫治，朋友送來一份聲明給他看，聲明中說：

「爲反對美國之扶日政策，爲抗議上海美國總領事卡德和美大使司徒雷登對中國人之污蔑侮辱，爲表示中國人民之尊嚴和氣節，我們斷然拒絕美國具有收買靈魂之一切施捨之物資，無論購買的或給予的。下列同仁同意拒絕購買美援平價麵粉，一致退還配給證，特此聲明。」

朱自清毫不猶豫的簽上了自己的名字，寧可餓死也不購買美國人的麵粉，表現了崇高的節操。

使人高貴的是人的品德。一個人要想獲得成功，最重要的就是品德。在《論語》中有這樣一句話：「士志於道，而恥惡衣惡食者，未足與議也。」意思是：士人立志於仁義之道，卻對粗糙的衣食引以爲恥，就無價値和他談論了。也就是說既然「志於道」，而仍然在乎吃穿，就難免成爲假道學了。

但是，做到了超越富貴的誘惑，甘守清貧，對於「志於道」的人來說是應該做到的，不値得自以爲了不起。

春秋時代，研究儒家學說致力於品德修養的人不一定就能得到高官厚祿，對此，有些讀書人就會不安起來。所以，孔子認爲，鄙視窮困生活的人，是沒有多大的志向的，這種人只是斤斤計較於個人生活的吃穿等瑣事。因此，根本就不必與他們去談什麼道的問題。

富貴功名是人們都想要的東西，但是如何得到，社會有一定的規則。用現代的話說，就是競爭必須有一定的遊戲規則。按照正確的規則得到了富貴功名，那就心安理得地接受；如果沒有按照遊戲規則，利用歪門邪道得之，那就不應該接受。

同樣，貧窮卑賤是人們不想得到的東西，但擺脫貧賤也有一定的規則，利用這些規則擺脫的就是正道，否則就是歪門邪道，就不符合全社會的公平原則，真正的君子就不會加以擺脫。

君子好義不好利

《菜根譚》中寫道：「彼富我仁，彼爵我義，君子固不為君相所牢籠；人定勝天，志一動氣，君子亦不受造化之陶鑄。」

意思是說：別人有財富，我堅守仁德；別人有爵祿，我堅守正義。所以，一個有高風亮節的君子，絕對不會被君主的高官厚祿所束縛或收買。人的智慧能戰勝大自然，理想意志可以轉變自己的感情氣質。所以，一個有才德理智的君子絕對不受命運的擺佈。

睿智的中國人一向認爲，一個活得瀟脫的人，不應爲身外之物所牽累，不應受富貴名利的誘惑。

戰國時代，孟子名氣很大，府上每天都是賓客盈門，其中大多是慕名而來，求學問道的人。

這一天，接連來了兩位神祕人物，一位是齊王的使者，一位是薛國的使者。對這種人物，孟子自然不敢怠慢，小心周到地接待他們。

齊王的使者給孟子帶來赤金一百兩，說是齊王所贈的一點小意思。孟子見其沒有下文，堅決拒絕齊王的饋贈。使者悻悻然地走了。

隔了一會兒，薛國的使者也來求見。他給孟子帶來五十兩金子，說是薛王的一點心意，感謝孟先生在薛國發生兵難的時候幫了大忙。孟子吩咐手下人把金子收下。左右的人都覺得十分奇怪，不知孟子葫蘆裡裝的是什麼藥。

陳臻對這件事大感不解，他問孟先生：「齊王送你那麼多的金子，你不肯收；薛國才送了齊國的一半，你卻接受了。如果你剛才不接受是對的話，那麼現在接受就是錯了；如果你剛才不接受是錯的話，那麼現在接受就是對了。」

孟子回答說：「都對。在薛國的時候，我幫了他們的忙，為他們出謀設防，終於平息了一場戰爭。我也算個有功之人，為什麼不應該受到物質獎勵呢？而齊國人平白無故給我那麼多金子，是有心收買我。君子是不可以用金錢收買的，我怎麼能收他們的賄賂呢？」

左右的人聽了，都十分佩服孟子的高明見解和高尚操守。

俗話說：「君子愛財，取之有道。」越是大利在前，越應該小心謹慎，因為大利背後可能隱藏著巨大的陷阱，稍不留神，你就會上當受騙。為了避免上當，就必須要時時提高警惕，尤其是面對誘惑的時候。

孔子說：「君子追求的是學問而不是食物。種田的人可能也會挨餓，學習卻能得到俸祿。君子憂患的是沒有學問，而不憂患貧困。」在信與食二者不可俱得之間，孔子毫不猶豫的選擇了前者。

義利孰重誰輕之間，孔子明確指出：「以義爲尙」，即義高於一切，高於利。故而，他要求人們「見利思義」，「見得思義」。當然，這並不意味著孔子排斥利，而只是說利應以義爲前提。

義是與私利相對應的範疇。孔子認爲，一個真誠的君子應以義爲原則，依照禮的要求去實行它，用謙虛語言表述它，以誠實的態度完成它，這才是仁義君子，而那種「群居終日，言不及義」之人，則不足以稱君子。他認爲，一個正人君子，爲行義應不顧個人利害、得失，甚至不惜犧牲個人之生命。他說：「志士仁人，無求生以害仁，有殺身以成仁。」又說，「三軍可奪帥，匹夫不可奪志。」這表明了仁義高於一切，道德優先於生命。

孔子的仁義思想進一步爲孟子所發展。孟子認爲，仁義禮智根於心，是人有別於禽獸最根本的東西，是人之所以爲人的根據。一個人一旦陷入不仁不義，就是人形之禽獸。

孟子像孔子一樣，主張在生死考驗面前，毅然殺身成仁，捨生存義。他說：「生，亦我所欲也；義，亦我所欲也，二者不可得兼，捨生而取義者也。」可以說殺身成仁，捨生取義，代表了中華民族的正氣，展現了中華民族的剛健精神。在這一精神的激勵下，蘇武、顏杲卿、岳飛、文天祥、史可法等等仁義志士，以其寶貴生命實踐了儒家的人生理想，譜寫了一曲又一曲民族的正氣歌，生動的詮釋了「君子亦不受造化之陶鑄」的儒家精神。

只要肯付出一份愛心就好

《菜根譚》中寫道：「平民肯種德施惠，便是無位的卿相。」意思是說：一個普通的平民百姓只要肯多積功德，廣施恩惠，幫助別人，就像是一位沒有實際爵位的公卿將相一樣受到人們的敬仰。

在現實生活中，人的社會地位不同，能力也各有大小，衡量一個人道德的標準，不是看個人貢獻的大小，職位的高低。關鍵是看他的態度，他的精神，他的心意。下面的這個故事就生動地詮釋了這一道理。

許多成功人士出席一個慈善酒會，參加的每一個人都是千萬富翁。

有一位在報社寫專欄的作家捐了五萬元，也作爲特別嘉賓出席了酒會。

慈善酒會中的每一個名字都足企業界的榮耀，而且他們之間都十分熟悉，他們手中端著紅酒，面帶笑意地交流著。只有專欄作家一個人靜靜的坐著，沒有人理睬他。

一位驕傲的先生來到他的面前，問：「請問你是……」

他說：「我是一個專欄作家。」

驕傲的先生聽了，問：「那麼，你捐了多少錢？」

專欄作家說：「五萬元。」

這位先生聽了哈哈大笑：「你可能走錯了地方，這裡是千萬富翁的俱樂部，我們都捐了一百萬元，而且我們都是成功人士。」

專欄作家說：「我捐了我所有財富的百分之二十五；而你們只捐了百分之一。請問誰更有資格在這裡呢？」

一個人是否有足夠的愛心，不能只看他奉獻了多少財物，還要看他的內心是否虔誠，是否已做到盡心盡力。生活中這方面的事例是很多的。

二〇〇七年二月的一天，剛剛卸任的聯合國秘書長安南，在得克薩斯州的一個莊園裡舉行了一場慈善晚宴，旨在爲非洲貧困兒童募捐，應邀參加的都是富商和社會名流。

在晚宴將要開始的時候，一位老婦人帶著一個女孩來到了莊園的入口處，小女孩手裡捧著一個看上去很精緻的瓷罐。

守在莊園入口處的警衛安東尼攔住了來到莊園的一老一小。「歡迎你們，請出示請柬，謝謝。」安東尼說。

「請柬，對不起，我們沒有接到邀請，是她要來，我陪她來的。」老婦人撫摸著小女孩的頭對安東尼說。

「很抱歉，除了工作人員，沒有請柬的人不能進去。」安東尼說。

「爲什麼？這裡不是舉行慈善晚宴嗎？我們是來表示我們的心意的，難道不可以嗎？」老婦人的表情很嚴肅，「可愛的小露西，從電視上知道了這裡要為非洲的孩子們舉行慈善活動，她很想為那些可憐的孩子做點事，決定把自己撲滿裡所有的錢都拿出來，我可以不進去，但真的不能讓她進去嗎？」

「是的，這裡將要舉行一場慈善晚宴，應邀參加的都是很重要的人士，他們將為非洲的孩子慷慨解囊，很高興你們帶著愛心來到這裡，但是，我想這場合不適合你們進去。」安東尼解釋說。

「叔叔，表現慈善的不是錢，是心，對嗎？」一直沒有說話的小女孩露西問安東尼。她的話讓安東尼愣住了。

「我知道受到邀請的人有很多錢，他們會拿出很多錢，我沒有那麼多，但這是我所有的錢啊！如果我真的不能進去，請幫我把這個帶進去吧！」小女孩露西說完，將手中的撲滿遞給安東尼。

安東尼不知道是接還是不接，正在他不知所措的時候，突然有人說：「不用了，孩子，你說得對，表現慈善的不是錢，是心。你可以進去，所有有愛心的人都可以進去。」

說話的是一位老頭，他面帶微笑，站在小露西身旁。他躬身對小露西說了幾句。然後直起身來，拿出一份請柬遞給安東尼：「我可以帶她進去嗎？」

安東尼接過請柬，打開一看，忙向老頭敬了一個禮：「當然可以了，沃倫．巴菲特先生。」

當天慈善晚宴的主角不是倡議者安南，不是捐出三百萬美元的巴菲特，也不是捐出八百萬美元的比爾．蓋茲，而是僅僅捐出三十美元零二十五美分的小露西，她贏得了最多最熱烈的掌聲。

而晚宴的標語也改成了這樣一句話：「表現慈善的不是錢，是心。」

第二天，美國各大媒體紛紛以這句話作爲標題，報導這次慈善晚宴。看到報導後，許多一般的美國民眾紛紛表示要爲非洲那些貧窮的孩子捐贈。

人的能力有大小，只要願意爲了別人付出一份愛心，付出一份熱心，付出自己應有的力量，就是一個正直的人，一個高尚的人，一個值得尊敬的人。

不要嫉妒他人的聰明才智

《菜根譚》中寫道：「毋偏信而為奸所欺，毋自任而為氣所使，毋以己之長而形人之短，毋因己之拙而忌人之能。」

意思是說：不要誤信他人的片面之詞，以免被奸詐之徒所欺騙；不要過分自信自己的才幹，以免受到一時意氣的驅使；不要仰仗自己的長處去對比宣揚人家的短處；尤其不要因為自己的笨拙，就嫉妒他人的聰明才智。

嫉妒他人才能的事在生活中屢見不鮮，也是我們最應該努力防範的。

從前，在一個城市裡，有一個洗衣工和一個陶匠，各自辛苦經營自己的事業。他倆是鄰居，年輕時候，還是很要好的朋友。

陶匠一直沒遇上什麼好運，而洗衣工的日子越過越富裕。陶匠便生出了妒嫉心，再也不和洗衣工說話了，而且怎麼看洗衣工就怎麼不順眼。

每到晚上，他躺在床上翻來覆去就是睡不著，伸出拳頭在黑暗中揮擊，經常自言自語：「這個傢伙，怎麼就一天天的富有起來，老子有的是手藝，也很努力，怎麼就越來越窮呢？」到最後，他忽然想起一個讓洗衣工家破人亡的計劃。

第二天早晨，他在街上選好一個顯眼的地點站住，而這條路是國王騎象必經之地。看到國王來了，陶匠就大聲喊道：「多丟臉啊！快來看吶！咱們的偉大的國王騎在一頭滿是汙垢的大象上！特別是這畜牲本來可以請洗衣工師傅給洗乾淨的啊！」

湊巧這國王又恰恰是個沒有頭腦的人，他馬上勒住大象，停下來問道：「我的好百姓，你的意見的確不錯。但不知這個能把這滿是汙垢的大象洗白的洗衣工師傅要到哪兒才能找得到呀？」

「我的皇上，」陶匠回答道，「肥皂和鹼的種類很多，只有洗衣師傅才明白它們的特性。一個手藝高明的洗衣工，用上一種特殊的肥皂和一種特殊的鹼，是能夠把皇上的大象洗白的。陛下，您不用擔心，我認識一個洗衣工師傅，他就能處理這件事。他恰巧就是我的鄰居！」

國王聽了十分高興，取下紅寶石戒指獎賞給陶匠。

國王想到他將有一頭白象了，心裡十分興奮，便調轉象頭，打道回宮。他立即叫人請來洗衣工，說：「現在，你把這頭象牽去洗吧，七天後要給我牽回一頭白象。」

洗衣工是個機靈人，一下子便明白了肯定是那個陶匠在國王面前搞的鬼。正當他遲疑思考這件事時，國王變得不耐煩起來，威脅說：「洗衣工，你怎麼這麼不乾脆呢？你還想保住你的腦袋嗎？」

「我的皇上，」洗衣工回答，「能給您洗大象，對我來說既是無上的光榮，也是無窮的快樂；不過，我在考慮，得有一個能盛得下這頭大象的大盆啊！」

國王一聽這話有道理，立刻同意了洗衣工的要求，把陶匠召到面前，命令他做個大盆，要大得能把大象裝進去洗。

妒嫉心重的陶匠不得不花許多日子去做大盆。好不容易盆子做出來了，洗衣工把刷洗完的大象往盆裡趕，可是，象腳剛踏進盆子，盆子就被壓成碎片。

「陶匠，」國王命令說，「把盆子做厚點。」但不管多厚，大象一踩，就馬上裂成碎片。

陶匠就這樣一個比一個厚的做下去，直到傾家蕩產，耗盡精力而死才結束這件事。最後，一位大臣感歎道：「陶匠之所以會有這樣的下場，都是因爲他自己的嫉妒之心和害人之心啊！」

這個故事啓示我們：要學會寬容，不要輕易妒嫉別人，更不要因爲妒嫉而陷害別人。妒嫉激起的衝動，不但會毒害了自己的心靈，還會毒害自己的生活。

這正是《菜根譚》中「毋因己之拙而忌人之能」一句所要表達的思想。

嚴以律己，寬以待人

《菜根譚》中寫道：「人之過誤宜恕，而在己則不可恕；己之困辱宜忍，而在人則不可忍。」意思是說：別人的錯誤和過失應該多加寬恕，可是自己有過失和錯誤卻不可以寬恕；自己受到屈辱時應該盡量忍受，可是別人受到屈辱就要設法幫他消解。

中國古語中有這樣的話：「君子寬以待人，嚴於律己。」歷史上，凡成大事者，都有著寬闊的胸懷，總是嚴格要求自己，卻以寬容的心對待他人。從而減少了很多不必要的矛盾，爲自己事業順利的發展鋪平了道路。在這方面，藺相如爲我們樹立了很好的榜樣。

藺相如因爲「完璧歸趙」有功而被封爲上卿，位在廉頗之上。廉頗很不服氣，揚言要當面羞辱藺相如。藺相如得知後，盡量迴避、容讓，不與廉頗發生衝突。藺相如的門客以爲他畏懼廉頗，然而藺相如卻說：「秦國不敢侵略我們趙國，是因爲有我和廉將軍。我對廉將軍容忍、退讓，是把國家的危難放在前面，把個人的私仇放在後面啊！」這話被廉頗聽到，就有了廉頗「負荊請罪」的故事。

歷史上，像藺相如一樣有度量的人是非常多的，三國時的蔣琬也是這方面的傑出人物。

三國時期的蜀國，在諸葛亮去世後任用蔣琬主持朝政。他的屬下有個叫楊戲的人，性格孤僻，訥於言語。蔣琬與他說話，他也是只應不答。有人看不慣，便在蔣琬面前嘀咕說：「楊戲這人對您如此怠慢，太不像話了！」

蔣琬坦然一笑，說：「人嘛，都有各自的脾氣習性。讓楊戲當面說讚揚我的話，那可不是他的本性；讓他當著眾人的面說我的不是，他會覺得我下不了台。所以，他只好不做聲了。其實，這正是他為人的可貴之處。」後來，有人稱讚蔣琬「宰相肚裡能撐船」。

我們經常說要換位思考，但我們誰能真正的換位呢？我們每一個人都有不足，就像每一個身體都會生病一樣，我們自身的「頑症」能不能自治而癒？所以我們一定要「嚴以律己，寬以待人」，把我們心靈深處的狹隘消滅在萌芽中，多看看別人的優點長處，寬厚對人，這樣我們的心態就平和多了，煩惱就跟著少了，我們自己也會獲得進步。

這正是《菜根譚》中所強調的：「責人者，原無過於有過之中，則情平；責己者，求有過於無過之內，則德進。」意思是說：對待別人要寬厚，當別人犯錯時，要像他沒犯過錯一樣原諒他，這樣才會使他心平氣和走向正路；要求自己要嚴格，應在無過錯時也要時時檢討自己的差錯，如此才能使自己的品德進步。反之，如果我們只盯著別人的缺點而忽視自己的缺點，就可能鬧出笑話，甚至引起不必要的爭執。

從前，有四個和尚，參加了禪宗的「不說話修煉」。在修煉的過程中，必須點燈，而四個人中，有三個和尚道行較高，其中一個較淺，自然點燈的工作落在道行較淺的和尚身上。

「不說話」的修煉開始之後，四個人圍著那盞燈盤腿而坐，進行修煉。

經過了好久，四個人都靜靜的不做聲，因爲這是不說話修煉。後來，油燈中的煤油愈燃愈少，眼看就要沒有油了！快要熄掉，管燈的和尚非常著急。這時，突然來了一陣風，燈火左搖右晃，幾乎要熄滅了。管燈的和尚忍不住大叫：「糟糕！火快熄了！」

本來其他三個閉目打坐的和尚，始終沒有說話，聽到管燈和尚的喊叫聲，道行在他上面的第二個和尚立刻罵他說：「你叫什麼？我們在做不說話的修煉，怎能開口說話？」

第三個和尚聽了之後非常生氣，罵第二個和尚說：「你不也說話了嗎？實在不像話。」

第四個道行最高的和尚，始終默不出聲的安然靜坐。可是過了一會兒，他睜開了眼睛，很自豪的對其他三個和尚說：「只有我沒有說話！」

這四個參加不說話修煉的和尚，爲了一盞燈，先後都開口說話了，最好笑的是有三個得道的和尚在指責別人「說話」的時候，不知不覺中，自己也犯下了「說話」的錯誤。

在我們和別人相處的過程中，每個人都很容易看到別人的缺點和過失；如果我們反過來，盡量「嚴以律己，寬以待人」，生活就會和諧很多。

推功攬過，修養更好的品德

《菜根譚》中寫道：「完名美節，不宜獨任，分些與人，可以遠害全身；辱行污名，不宜全推，引些歸己，可以韜光養德。」意思是說：不論如何完美的名譽和節操，不要一個人獨佔，必須分一些給旁人，才不會引起他人忌恨招來災害而保全生命安全；不論如何恥辱的行為和名聲，不能完全推到別人身上，要自己承擔一部分，只有這樣，才能掩藏自己智能，而修養出更好的品德。

一個有修養的人，應該知道居功之害。同樣對那些可能玷污行爲和名譽的事，也不應該全部推諉給別人。在這方面，晏子的做法就非常值得讚賞。

齊景公得了腎病，已經十幾天臥床不起了。這天晚上，他突然夢見自己與兩個太陽搏鬥，結果敗下陣來，驚醒後竟嚇出了一身冷汗。

第二天，晏子來拜見齊景公。齊景公不無擔憂地問晏子：「我在昨夜夢見與兩個太陽搏鬥，我卻被打敗了，這是不是我要死了的先兆呢？」晏子想了想，就建議齊景公召個解夢人進宮，先聽聽他是如何解這個夢，然後再作推理。齊景公於是委託晏子去辦這件事。

晏子出宮以後，立即派人用車將解夢人請來，解夢人問：「您召我來有什麼事呢？」晏子遂將齊景公做夢的情景及其擔憂告訴了解夢人，並請他進宮爲之解夢。

解夢人對晏子說：「那我就反其意對大王進行解釋，您看可以嗎？」

晏子連忙搖頭說：「那倒不必。因爲大王所患的腎病屬陰，而夢中的雙日屬陽。一陰不可能戰勝二陽，所以這個夢正好說明大王的腎病就要痊癒了。你進宮後，只要照這樣直說就行了。」

解夢人進宮以後，齊景公問道：「我夢見自己與兩個太陽搏鬥卻不能取勝，這是不是我要死了的預兆呢？」

解夢人按照晏子的指點回答說：「您所患的腎病屬陰，而雙日屬陽，一陰當然難敵二陽，這個夢說明您的病很快就會好了。」

齊景公聽後，不覺大喜。由於放下了心上的大石，加之合理用藥和改善飲食，不出數日，果然病就好了。爲此，他決定重賞解夢人。

可是解夢人卻對齊景公說：「這不是我的功勞，是晏子教我這樣說的。」

齊景公又決定重賞晏子，而晏子則說：「我的話只有由解夢人來講，才有效果；如果是由我直接說出來，大王一定不肯相信。所以，這件事應該是解夢人的功勞，而不能記在我的名下。」

最後，齊景公同時重賞了晏子和解夢人，並且讚歎道：「晏子不與人爭功，解夢人也不隱瞞別人的智慧，這都是君子所應具備的可貴品德啊！」

在名和利面前，晏子與解夢人都有一個正確的態度，既不奪人之功，也不掠人之美，真誠謙讓，這種君子之風值得後人傚法與發揚。

而依靠投機取巧和鑽營獲得的利益是不會持久的，習慣於這樣做的人也是卑鄙可恥的。能夠正確對待名利關係的古人是很多的，西漢名將李廣的「推功攬過」的做法尤其值得讚賞。

李廣戎馬四十餘年，戰功卓著，但他卻從不以功自居而看重賞賜。更為難得的是他那替人攬過而勇於自責的品格，使人讚歎不已。

在一次與匈奴的作戰中，因援軍未按時趕赴，使李廣部被圍。李廣指揮若定，並與士卒一起浴血奮戰，雖然損失不小，卻最終帶領餘部突圍成功。未完成任務的援軍首領被依法治罪。李廣雖殺敵有功，卻因損兵折將，功過相抵，未能獲賞。旁人多抱不平，而李廣卻不以爲意。

李廣一生因戰功獲賞不少，但他都讓給部將。每次從朝廷得到賞賜，他也是全都分給了自己的部下，以致他爲官四十餘年而家無餘財。

李廣拙於言辭，卻有攬過自責的勇氣。一次隨大將衛青出兵北擊匈奴，請求打先鋒而未准，受命作左翼進攻。因無嚮導而迷了路，未能如期參加會戰。

回朝後，衛青上書天子，對李廣部窮追責任。李廣因不善辭令，加上因此戰無功而沮喪，遂緘口不言。於是，朝廷命審其部眾。

此時，李廣卻挺身而出：「諸校尉都無罪，是我自失道。吾今自上簿。」李廣到幕府後，因不忍刀筆吏侮辱，拔劍自刎。

李廣死訊傳出，部下無不痛哭流涕，百姓也都悲傷落淚。

竭心盡力爲國家，不計個人得與失，李廣受到人們深切的懷念。他在人們的心目中早已成為我國北方邊陲安危所繫的一員虎將。他那種推功讓賞、攬過自責的優秀品德，使其美名遠揚，流傳永久。

能推功讓賞，固然不易，但要做到攬過自責，那就更加困難了。大凡傑出的軍事將領和各行各業的領袖，都具有此優秀的品德。

對於寬厚仁愛型將領，更具有善待士卒，體察下情，讓功諸將，不居功自傲等高尚品德，因而深受世人的崇敬。

用美德去感化別人

《菜根譚》中寫道：「遇欺詐的人，以誠心感動之；遇暴戾的人，以和氣熏蒸之；遇傾邪私曲的人，以名義氣節激勵之。天下無不入我陶熔中矣。」

意思是說：遇到狡猾欺詐的人，要用赤誠之心來感化他；遇到性情狂暴殘酷的人，要用溫和的態度去感化他；遇到行為不正自私自利的人，要用道義氣節來激勵他。假如能做到這幾點，那麼天下的人都會受到我的美德感化了。

這裡強調的是「以德服人」的處世策略。下面的故事就生動地闡釋了這一處世態度的神奇效果。

一天，七里禪師正在禪堂的蒲團上打坐，一個強盜突然闖出來，拿出尖銳明亮的刀子對著他的脊背，說：「把櫃子裡的錢全部拿出來！不然，就要你的老命！」

「錢在抽屜裡，櫃子裡沒錢。」七里禪師說，「你自己拿去，但要留一點，米已經吃光了；不留點錢，明天我要挨餓呢！」

那個強盜拿走了所有的錢，在臨出門的時候，七里禪師說：「收到人家的東西，應該說聲謝謝啊！」

「謝謝。」強盜說。他轉回身，心裡十分慌亂，這種從來沒有遇到的情況使他失去了判斷能力，他愣了一下，才想起不該把全部的錢拿走，於是，他掏出一些錢放回抽屜。

後來，這個強盜被官府捉住。根據他的供詞，差役把他押到七里禪師的寺廟去見七里禪師。

差役問道：「多日以前，這個強盜來這裡搶過錢嗎？」

「他沒有搶我的錢，是我給他的。」七里禪師說，「他臨走時還說了聲謝謝，就這樣。」

這個強盜被七里禪師的寬容感動了，他咬緊嘴唇，淚流滿面，一聲不響地跟著差役走了。

這個人在服刑期滿後，便立刻去叩見七里禪師，求禪師收他爲弟子，七里禪師不答應。這個人就長跪三日，七里禪師終於收留了他。

「以德服人」的事例不僅故事中有，現實生活中也有；不僅過去有，現在也有。

電視上曾報導過這樣一件事：有一個大學的女學生，當看見別人的錢包被搶時，奮勇上前與小偷搏鬥爲其搶回了錢包，但錢包裡並沒有多少錢。遺憾的是，與此同時，她的錢包卻被另一個小偷偷走了。

當時，她不僅沒得到其他人的協助，許多人還說她傻。別人的不理解讓她對人心失去了信心，對做人的誠信也產生了懷疑。

讓人意想不到的是，十天後，她所就讀的學校收到了她所遺失的錢包，她爲失而復得的錢包高興，更爲那封附在包裹中的信而感動，那封信來自於偷她錢包的小偷，他當時也看到了她見義勇爲的一幕，是她的精神感動了他，所以，他根據錢包裡的借書證地址把錢包原封不動的寄回，並且發誓以後一定要好好重新做人。

這件事是發人深省的。古往今來，總有人認爲似乎只有「陰謀詭計」才稱得上是謀略，善用武力才稱得上是強大，不說這是淺見，甚少也是一種偏見。

「以誠爲本，以德服人」，才是最高層次的人生謀略。

盡量去寬容別人的過錯，自己就會減少很多煩惱。一般人要寬容一般的事，還比較容易；遇到難容的事，能夠寬容的就不容易了。當然，寬容並不排斥嚴格要求，在大是大非的問題上尤其糊塗不得，而在涉及個人恩怨的小問題上，還是豁達一點的好。

要有吃虧忍辱的胸懷

《菜根譚》中寫道：「覺人之詐不形於言，受人之侮不動於色，此中有無窮意味，亦有無窮受用。」意思是說：當發覺被人家欺騙時，不要在言談舉止中立刻表露出來；當遭受人家侮辱時，也不要立刻怒形於色。一個人能夠有吃虧忍辱的胸懷，在人生旅途上自然會覺得妙趣無窮，對前途事業也會一生受用不盡。

在日常生活中，當自己的利益和別人利益發生衝突，友誼和利益不可兼得時，首先要考慮捨利取義，寧願自己吃一點虧。鄭板橋曾說過：「吃虧是福。」這決不是阿Q式的自我安慰精神，而是一生閱歷的高度和廣度。

清朝時有兩家鄰居因一道牆的歸屬問題發生爭執，欲打官司。其中一家想求助於在京爲大官的親屬張廷玉幫忙。張廷玉沒有出面干涉這件事，只是給家裡寫了一封信，力勸家人放棄爭執。信中有這樣幾句話：「千里求書爲道牆，讓他三尺又何妨？萬里長城今猶在，不見當年秦始皇。」家人聽從了他的話，這下使鄰居也覺得不好意思，兩家終於握手言歡，反而由你死我活的爭執變成了真心實意的謙讓。

舜敬父愛弟，但他的弟弟象表面看起來敬兄，內心卻總想害死他。有一次，他們倆去挖井，舜正在井內時，象卻突然把井口封死。象以爲舜必死，就想打他兩位夫人的主意，於是來到舜家裡。不料，舜大難不死，已從井的另一個出口脫身回到家裡。像剛進門，見舜在彈琴，只好尷尬地說：「我正惦記著你呢！」舜只是平靜地說：「多謝你的美意。你真是我的好兄弟，以後你協助我一起管理臣民吧！」舜有如此廣闊的胸懷，是他成就一代帝王大業的重要基礎。

林則徐有一句名言：「海納百川，有容乃大。」與人相處，有一分退讓，就受一分益；吃一分虧，就積一分福。相反，存一分驕傲，就多一分挫辱，占一分便宜，就招一次災禍。

天玄子說：「利人就是利己，虧人就是虧己，讓人就是讓己，害人就是害己。所以說：君子以讓人爲上策。」呂子也曾經說：「退己而讓人，約束自己而豐厚他人，所以群眾樂於被用，而所得是平時的幾倍。」所以說：「謙遜辭讓，作爲德的首位。」

一個人，對於事業上的失敗，能自認這方面的錯誤，就能讓人感德；在有成就時；能讓功於他人，就能讓人感恩。老子說：「事業成功了而不能居功。」不僅讓功要這樣，對待善也要讓善，對待得也要讓得。凡是壞處就歸於自己，好處都歸於他人。他人得到名，我得他這個人；他人得到利，我得到他這個心。二者之間，輕重怎樣？明眼人一看，就知道分寸了。

古人說：讓人爲上，吃虧是福。《菜根譚》則更是認爲吃虧「有無窮意味」、「無窮受用」，這種看法是頗有見地的。

絕對不輕易炫耀自己的才華

《菜根譚》中寫道：「心不可不虛，虛則義理來居；心不可不實，實則物慾不入。」「君子之心事，天青日白，不可使人不知；君子之才華，玉韞珠藏，不可使人易知。」

意思是說：一個人一定要抱著虛懷若谷的胸襟，因為只有謙虛，才能容納下真正的學問和真理；同時，一個人又要抱著擇善執著的態度，因為只有堅強的意志，才能抵禦外來物慾的侵入誘惑。一個有高深修養的君子，他的心地像青天白日一樣光明，沒有什麼不可以告人的事；一個有修養的君子，他的才華應像珍藏的珠寶一樣，絕對不會輕易炫耀讓別人隨便知道。

中國古人認爲，君子之心應該是坦蕩的，不應有不可告人的慾念、邪念乃至惡念。至於個人才能的發揮，應該是合乎自然的，切忌好大喜功地炫耀。否則，必然招致旁人的嫉恨，自身的才華必然會變得飄飄蕩蕩的，終身不得其果，甚至會招致殺身之禍。

東漢有個叫吳佑的名士，少年時就能洞察世事，又通曉歷史，對官場中爾虞我詐、相互傾軋的人際關係有深刻的瞭解，常常爲當官的父親籌劃計謀，使父親安然地避免了許多禍患。

有一年，吳佑的父親吳恢奉旨遠赴南海郡擔任太守。當時只有十二歲的吳佑也隨同前去。

上任一些日子後，吳恢認爲自己治理南海很有政績，就要一邊記載在冊，一邊抄寫經書。吳佑知道了，便急忙勸阻：「父親，萬萬不可。」

吳恢聽到很不高興，厲聲責問道：「你懂個啥？」

吳佑從容地問道：「父親，您不遠千里，不辭辛勞，攀越越城、都龐、萌渚、騎田、大庾等五嶺，來到這瀕臨南海的蠻荒之地，您知道其間的利害關係嗎？」

吳恢聽到兒子出口不凡，言辭鑿鑿，語氣不免和緩了不少，驚疑地說：「你說這話是什麼意思？」

吳佑解釋道：「據我的觀察和調查，南海郡百姓所受文化教育很少，風俗鄙陋，人情險惡，這是一個很難治理的地方啊！朝廷或許並不相信您能在短時間內就有治理的政績，而是懷疑您是否貪污了許多財寶；那些權貴顯要人物，並不會讚揚您治理的政績，而是日夜盼望您能向他們貢獻一些稀世珍寶，因爲這裡本是盛產黃金、寶石的地方啊！」

吳恢覺得兒子有些杞人憂天，便說：「我可以不記政績，但與我抄寫經書又有什麼關係呢？」

吳佑笑道：「大有關係，如若處理不當，可能有殺身之禍呢！」

吳恢說：「你這是危言聳聽！」

吳佑說：「父親，就算把六經抄寫一遍，您估計要幾輛馬車才裝載得下？」

吳恢說：「抄在竹片上，起碼得需要兩輛！」

吳佑笑道：「好，兩輛馬車運回京城，人們會怎樣看這件事呢？」

吳恢驚問：「不就是兩車經書嘛！」

吳佑嚴肅地說：「恐怕沒有這麼簡單吧！過去馬援將軍曾經把南方的玉米帶回一車，原先是準備做種子，在北方推廣種植，不料卻被別人誤認爲是珍寶。他死後還遭人汙衊，蒙受了不白之冤。王陽平時喜歡駕馭精美的車馬，穿戴華貴的衣服到處炫耀，結果引起別人的妒忌，以至紛紛傳說他撈取了不少黃金，害得他有口難辯。這種遭人懷疑、忌恨和陷害的事，是古時候先賢時刻警惕的事啊！」

吳恢恍然大悟，立即打消了抄經書的計劃。

中國古人非常強調「隱忍」，主張做人要低調、謹慎些，切忌張揚，「君子之才華，玉韞珠藏，不可使人易知」，以免引起別人的忌恨。

保持謙虛謹慎的態度

《菜根譚》中寫道：「欹器以滿覆，撲滿以空全；故君子寧居無不居有，寧處缺不處完。」意思是說：欹器因為裝滿了水才傾覆；以泥燒製而成的貯錢罐，由於腹中空無一物，才得以保全。所以，一個品德高尚的君子，寧願處於無爭無為的地位，也不要站在有爭有奪的場所，日常生活寧可感到缺欠一些，也不要求過分完滿。

孔子帶著學生到魯桓公的祠廟裡參觀的時候，看到了一個可用來裝水的器皿，形體傾斜地放在祠廟裡。在那時候，把這種傾斜的器皿叫欹器。

孔子便向守廟的人問道：「請告訴我，這是什麼器皿呢？」

守廟的人告訴他：「這是欹器，是放在座位右邊，用來警誡自己，如『座右銘』一般用來伴坐的器皿。」

孔子說：「我聽說這種用來裝水的伴坐的器皿，在沒有裝水或裝水少時就會歪倒；水裝得適中，不多不少的時候就會是端正的。裡面的水裝得過多或裝滿了，它也會翻倒。」說著，孔子回過頭來對他的學生們說：「你們往裡面倒水試試看吧！」學生們聽後舀來了水，一個個慢慢地向這個可用來裝水的器皿裡灌水。果然，當水裝得適中的時候，這個器皿就端端正正地在那裡。不一會，水灌滿了，它就翻倒了，裡面的水流了出來。再過了一會兒，器皿裡的水流盡了，就傾斜了，又像原來一樣歪斜在那裡。

這時候，孔子便長長地歎了口氣說道：「唉！世界上哪裡會有太滿而不傾覆翻倒的事物啊！」

俗話說：「滿招損，謙受益。」「虛心使人進步，驕傲使人落後。」為人處世要謙虛謹慎，不要驕傲自滿；凡驕傲自滿的人，沒有不失敗的。有關謙虛或者驕傲的問題，我們千萬不要當作小事來看待它，而要認真對待。

一個人不論從事何種職業，擔任什麼職務，只有謙虛謹慎，才能保持不斷進取的精神，才能增長更多的知識和才能。因爲謙虛謹慎的品格能夠幫助我們看到自己的差距。永不自滿，不斷前進可以使人冷靜地傾聽他人的意見和批評，謹慎從事。否則，驕傲自大，滿足現狀，停步不前，主觀武斷，輕者使工作受到損失，重者會使事業半途而廢。

老子說：「不自見，故明；不自是，故彰；不自伐，故有功；不自矜，故長。」意思是：只看見自己的人，眼光不會明亮；自以爲是的人，就會是非不明；自我誇耀的人，反而不得功勞，自高自大的人，就不會長久。如今，「驕傲來自淺薄，狂妄出於無知」的老話已經被大多數人遺忘，取而代之的是自誇和炫耀。尤其在競爭激烈的現代社會，人們更是極盡張揚之能事，許多人已經不知謙虛爲何物，這是做人的悲哀。

明朝思想家王守仁說：「人生的大病只是一個傲字」。他認爲，「謙爲眾善之基，傲爲眾惡之魁。」何爲「傲」意？一驕傲；二傲慢；三仗勢欺人。王守仁認爲，「傲」是每個人一生中的最大障礙。人要有自尊心，但自尊心應置於心胸，不可過於表面化，否則即爲「傲」。「傲」者必然引起周圍人的反感而被孤立。保持謙虛、謹慎的態度，永遠都不會過時，永遠都不應放棄。

要有胸懷天下的雄心壯志

《菜根譚》中寫道：「居軒冕之中，不可無山林的氣味；處林泉之下，須要懷廊廟的經綸。」意思是說：身居顯位高官的人，要保持一種隱居山林淡泊名利的思想；隱居在田園山林之中的人，必須要有胸懷天下、治理國家的雄心壯志。

這種思想和范仲淹「居廟堂之高，則憂其民；處江湖之遠，則憂其君」極爲相似，強調的都是一種「先天下之憂而憂，後天下之樂而樂」的品格。

從青年時代開始，北宋的范仲淹就立志做一個有益於天下的人。

他少年時代家境貧寒，常常只能吃到稀粥和鹹菜。但他發憤自學，志向遠大。每當議論到天下大事，總是慷慨激昂，熱血沸騰。他處事負責，剛直不阿，在朝廷爲官後，他曾多次上書批評當時的宰相，因而三次被貶。

雖然如此，但他毫不在意，依然不斷直諫。三年後復職，又擔任對付西夏的軍事重任。路過京師時，宋仁宗勸他與呂夷簡破除芥蒂。范仲淹鄭重地說：「我從前議論的是國家大事，與呂夷簡並無芥蒂。」

後來，范仲淹和呂夷簡兩人的關係果然和好如初。

一〇三八年冬，西夏統治者元昊自稱皇帝，向宋朝的邊境發動攻擊。西夏是西北羌族建立的政權，統治者歷來爲宋朝廷封以官職。元昊稱帝後，朝廷決定免去他的官職，派范仲淹以龍圖閣直學士的身份會同韓倚主持對西夏的防務。

范仲淹到陝西後不久，就前往與西夏對峙的前沿地帶。那裡不久前曾遭受過西夏的進攻，人心不安定，隨時準備逃亡。朝廷派去的官員，都尋找各種各樣的藉口，避免前去。范仲淹卻決定親自留下來，負責延州一帶的防務。

對於西夏的侵擾，北宋朝廷多數官員主張發大兵征討。范仲淹根據當時陝西戰備不足，風沙之區難於作戰、難於取勝的情勢，一反眾議，主張採取「招撫」政策，以防禦爲主，盡量使他們安居樂業。對少數民族首領率眾歸附的，范仲淹總是以誠相待。由此團結了邊境羌族等各少數民族，羌人尊稱他爲「龍圖老子」，西夏人也說他「胸中自有數萬甲兵」，西夏軍隊也不敢輕易發動進攻了。

西北局勢雖然穩定了，但宋朝內部矛盾繼續加重，官僚機構龐大、臃腫，軍隊不斷增加，財政發生危機，人民的反抗越來越激烈。而以宰相呂夷簡爲首的舊派腐敗無能，束手無策。一〇四三年，仁宗任用范仲淹爲參知政事。他聯合富弼、歐陽修等提出擇長官、均公田、修武備、減徭役、興水利等十條建議。其中大部分主張爲仁宗採納，以詔書形式頒發全國施行。這就是著名的「慶歷新政」。

「新政」著重於改進吏治，限制大官僚的特權，因此遭到大官僚和守舊官吏的反對。以致「新政」僅施行一年，就因守舊派的圍攻和仁宗的動搖而失敗，最終范仲淹被罷職。

被貶離開朝廷後，范仲淹寫下了流芳千古的名篇《岳陽樓記》。文中，他以千鈞筆力，寫下了平生幾起幾落而始終不渝的信念：「不以物喜，不以己悲。居廟堂之高，則憂其民；處江湖之遠，則憂其君。」「先天下之憂而憂，後天下之樂而樂。」

這幾句話，不僅概括了范仲淹一生堅持進取，以天下爲己任的高尚情操，而且道出了中華民族一切志士仁人不計個人得失，爲國家民族獻身的美德。這種美德在任何時代都是值得弘揚和推崇的。

做一個有用之人

《菜根譚》中寫道：「春至時和，花尚鋪一段好色，鳥且囀幾句好音。士君子幸列頭角，復遇溫飽，不思立好言、行好事，雖是在世百年，恰似未生一日。」意思是說：當春天到來時，陽光拂照天氣和暖，就連花草樹木也爭奇鬥艷，給大地鋪上一層美麗的景色，甚至連飛鳥也懂得在這春光明媚的大自然環境中唱出幾句宛轉悠揚的歌聲。一個有才華的士君子，假如僥倖出人頭地，身居高位，酒足飯飽過上豪華的生活，卻不想為後世子孫揮寫下幾部不朽名著，做一些有益於世人的事，那麼，他即使活到一百歲，也如同一天都沒活過。

《菜根譚》並不是消極厭世的道德說教，這幾句話就顯示了它勸導人們建功立業，積極入世、樂觀進取的一面。這種思想，實際上是秉承了傳統道教思想的精華。

傳說老子騎青牛過函谷關，在函谷府衙爲府尹留下洋洋五千言《道德經》時，有一位年逾百歲、鶴髮童顏的老翁招招搖搖的到府衙找他。老子在府衙前遇見老翁。

老翁對老子略略施了個禮說：「聽說先生博學多才，老朽願向您討教個明白。」

老翁得意地說：「我今年已經一百零六歲了。說實在話，我從年少時直到現在，一直是游手好閒地輕鬆度日。與我同齡的人都紛紛作古，他們開墾百畝沃田卻沒有一席之地，修了萬里長城而未享轔轔華蓋，建了四舍屋宇卻落身於荒野郊外的孤墳。而我呢？雖一生不稼不穡，卻還吃著五穀；雖沒置過片磚只瓦，卻仍然居住在避風擋雨的房舍中。先生，是不是我現在可以嘲笑他們忙忙碌碌勞過一生，只是給自己換來一個早逝呢？」

老子聽了，微然一笑，吩咐府尹說：「請找一塊磚頭和一塊石頭來。」

老子將磚頭和石頭放在老翁面前說：「如果只能擇其一，仙翁您是要磚頭還是願取石頭？」

老翁得意地將磚頭取來放在自己的面前說：「我當然擇取磚頭。」

老子撫鬚笑著問老翁：「爲什麼呢？」

老翁指著石頭說：「這石頭沒稜沒角，取它何用？而磚頭卻用得著呢！」

老子又招呼圍觀的眾人問：「大家要石頭還是要磚頭？」

眾人都紛紛說要磚，而不取石。

老子又回過頭來問老翁：「是石頭壽命長呢，還是磚頭壽命長？」

老翁說：「當然是石頭了。」

老子釋然而笑說：「石頭壽命長，人們卻不選擇它；磚頭壽命短，人們卻選擇它，不過是有用和沒用罷了。天地萬物莫不如此。壽雖短，於人於天有益，天人皆擇之，皆念之，短亦不短；壽雖長，於人於天無用，天人皆摒棄，倏忽忘之，長亦是短啊！」

老翁頓然大慚。

一個人不要只追求活得瀟灑自在和健康長壽，更應該關注對社會的貢獻，給別人帶來益處，這樣，才堪稱不白活一回。

二、待人寬一分是福

別人有財富我堅守仁德，別人有爵祿我堅守正義。一個高風亮節的人，絕對不會被君主的高官厚祿所束縛或收買。堅守道德節操的人，只不過會遭受一時的冷落；可是那些依附權勢的人，卻會遭受千年萬載的淒涼。胸襟開闊且通達事理的人，重視物質以外的精神價值，且能顧及到死後的名譽問題，所以，他們寧願承受一時的寂寞，也不願遭受永久的淒涼。別人有財富我堅守仁德，別人有爵祿我堅守正義。一個高風亮節的人，絕對不會被君主的高官厚祿所束縛或收買。堅守道德節操的人，只不過會遭受一時的冷落；可是那些依附權勢的人，卻會遭受千年萬載的淒涼。胸襟開闊且通達事理的人，重視物質以外的精神價值，且能顧及到死後的名譽問題，所以，他們寧願承受一時的寂寞，也不願遭受永久的淒涼。別人有財富我堅守仁德，別人有爵祿我堅守正義。一個高風亮節的人，絕對不會被君主的高官厚祿所束縛或收買。堅守道德節操的人，只不過會遭受一時的冷落；可是那些依附權勢的人，卻會遭受千年萬載的淒涼。胸襟開闊且通達事理的人，重視物質以外的精神價值，且能顧及到死後的名譽問題，所以，他們寧願承受一時的寂寞，也不願遭受永久的淒涼。別人有財富我堅守仁德，別人有爵祿我堅守正義。一個高風亮節的人，絕對不會被君主的高官厚祿所束縛或收買。堅守道德節操的人，只不過會遭受一時的冷落；可是那些依附權勢的人，卻會遭受千年萬載的淒涼。胸襟開闊且通達事理的人，重視物質以外的精神價值，且能顧及到死後的名譽問題，所以，他們寧願承受一時的寂寞，也不願遭受永久的淒涼。別人有財富我堅守仁德，別人有爵祿我堅守正義。一個高風亮節的人，絕對不會被君主的高官厚祿所束縛或收買。堅守道德

人情反覆，世路崎嶇。
行不去，須知退一步之法；
行得去，務加讓三分之功。

——明．洪應明《菜根譚》

處世讓一步為高，
退步即進步的張本；
待人寬一分是福，
利人實利己的根基。

——明．洪應明《菜根譚》

避免結交行為不正的人

《菜根譚》中寫道：「教弟子如養閨女，最要嚴出入、謹交遊。若一接近匪人，是清淨田中下一不淨的種子，便終身難植嘉禾矣。」意思是說：教導子弟，要像養育一個女孩那樣謹慎才行，最關鍵的是，要嚴格管束他們的出入和注意所交往的朋友。萬一不小心結交了行為不正的人，就好像是在良田之中播下了壞種籽，從此就可能一輩子也難以長成有用之材。

這裡強調的是選擇朋友的重要性和必要性。

墨子在經過一家染坊時，看見工匠們將雪白的絲織品分別放進熱氣騰騰的染缸裡，浸泡良久後取出，在晾曬後就變成不同顏色的織物了。工匠們工作得十分辛苦而認真。

墨子仔細地觀察了染絲的全過程後，頓有所悟，不覺長歎一聲，自言自語地說：「本來都是雪白的絲織品，而今放到青色顏料的染缸裡浸泡後，就變成了青色；放到黃色顏料的染缸裡浸泡後，就變成了黃色。所用的顏料不同，染出來的顏色也隨之不同。如果我們將白絲先後放到五種不同顏色的染缸裡各染一遍，它就會改變五次顏色了。這樣看來，染絲的時候，人們就不能不謹慎從事啊！」

接著，墨子又從染絲的原理引申下去，進一步產生聯想，從而深深地感到，其實在人世間，不僅是染絲與染缸的顏料有關，即使是一個人、一個國家，不也存在著一個會染上什麼顏色的問題嗎？

當我們身處五顏六色的社會大染缸之中時，一定要牢記「近朱者赤，近墨者黑」的道理，注意交往對象的選擇，擇善而從，以促使自己更健康地成長。

明代蘇浚將朋友分爲四種：「道義相砥，過失相規，畏友也；緩急可共，生死可托，密友也；甘言如飴，遊戲征逐，暱友也；利則相合，患則相傾，賊友也。」因此，交友要選擇，多交益友、畏友、密友，不交損友、暱友、賊友。

「近朱者赤，近墨者黑」，這些古訓就說明交友對一個人的思想、品德、學識會產生深刻的影響。清代馮班認爲：朋友的影響比老師還大，因爲這種影響是氣習相染、潛移默化的，久而久之就不知不覺地受其影響。

這就是《孔子家語》說的：「與君子遊，如入芝蘭之室，久而不聞其香，則與之化矣。與小人遊，如入鮑魚之肆，久而不聞其臭，亦與之化矣。」

涉世不深的青年人，尤應注意謹交遊、慎擇友的古訓。在交友時要有知人之明，不要錯把壞人當知己，受騙上當，甚至落入壞人的圈套而無法自拔。

更進一步說，不僅要注意擇友，還要注意擇鄰而居。古人也很注意並在這方面下工夫，除了「孟母三遷」，還留下了很多類似的故事。

南朝時候，有個叫呂僧珍的人，生性誠懇老實，又是飽學之士，待人忠實厚道，從不跟人家耍心眼。呂僧珍的家教極嚴，他對每一個晚輩都耐心教導、嚴格要求、注意監督，所以他家形成了優良的家風，家庭中的每一個成員都待人和氣、品行端正。呂僧珍家的好名聲遠近聞名。

南康郡守季雅是個正直的人，他為官清正耿直，秉公執法，從來不願屈服於達官貴人的威脅利誘，為此他得罪了很多人，一些大官僚都視他為眼中釘、肉中刺，總想除去這塊絆腳石。終於，季雅被革了職。

季雅被罷官以後，一家人只好從壯麗的大府第搬了出來。到哪裡去住呢？季雅不願隨隨便便地找個地方住下，他頗費了一番心思，離開住所，四處打聽，看哪裡的住所最符合他的心意。

很快，他就從別人口中得知，呂僧珍家是一個君子之家，家風極好，不禁大喜。季雅來到呂家附近，發現呂家子弟個個溫文爾雅，知書達理，果然名不虛傳。說來也巧，呂家隔壁的人家要搬到別的地方去，打算把房子賣掉。

季雅找這家要賣房子的主人後，說：願意出一千萬錢的高價買房，那家人很是滿意，二話不說就答應了。

於是，季雅將家眷接來，就在這裡住下了。

呂僧珍過來拜訪這家新鄰居。兩人寒暄一番，談了一會兒話，呂僧珍問季雅：「先生買這幢宅院，花了多少錢呢？」季雅據實回答。呂僧珍很吃驚：「據我所知，這處宅院已不算新了，也不很大，怎麼價錢如此之高呢？」

季雅笑了，回答說：「我這錢裡面，一百萬錢是用來買宅院的，九百萬錢是用來買您這位道德高尚、治家嚴謹的好鄰居的啊！」

季雅寧肯出高得驚人的價錢，也要選一個好鄰居，這是因爲他知道好鄰居會給他的家庭帶來良好的影響。這和「謹交遊」的思想是一脈相承的。

對朋友的挑選一定要慎重

《菜根譚》中寫道：「聞惡不可就惡，恐為讒夫洩怒；聞善不可即親，恐為奸人進身。」意思是說：聽說人家有過錯或做了壞事，不可馬上信以為真起厭惡之心，心須經過自己一番冷靜的觀察，這樣就可以判斷進讒的人是否有誣陷洩憤的意圖；聽到某人有善行做了好事，也不要立刻就相信他去交往親近他，必須經過自己一番冷靜觀察，以免那些奸人謀官求職的手段得逞，免得引狼入室。

這裡強調的是對朋友的挑選一定要慎重。

朋友的挑選，也就是擇友而交。應該明確的一點是，朋友的挑選，並不能單憑你感情上的好惡作爲標準，因爲如果你只是憑自己喜歡與否而選擇朋友的話，那會使你失去很多有價值的朋友。有的人可能在你第一眼看上去感覺就不舒服，或者因爲他模樣長得怪，或者因爲他身著隨意，或者因爲他語言不雅，但這只是你的第一印象，也許在你瞭解他以後，會覺得他是你最可信賴的朋友。單憑好惡取捨朋友是一種不明智的做法。朋友的挑選是有原則可循的。如果你能理性地運用這些擇友原則，相信你會找到好朋友的。那麼擇友原則又有哪些呢？

一、從自己的實際需要出發

交什麼樣的朋友，應該從你自己的實際情況出發，先對自己有一個全面的瞭解，再去結交朋友。不但要對自己的職業、現在的生活方式、以及自己的理想追求有清楚的把握，還要瞭解自己的性格，自己的優、缺點，瞭解自己的愛好、生活習慣，以及自己現有的知識、涵養及自己的整體素質，等等。總之，要在對自己有一個充分地瞭解與把握的基礎上，結合自己在實際生活中的需要和自己的理想與追求，去選擇朋友。

二、盡可能多去瞭解對方

你想在你完全瞭解對方以後再決定是否與他成爲朋友，這是絕對不可能的，因爲你不太可能完完全全地瞭解某個人。但是，利用你能利用的條件和渠道，在盡可能多瞭解對方的基礎上決定是否與他交友，則是完全可行的。一般而言，在你與某個人成爲朋友之前，雙方只能算是相互認識。在雙方只是彼此認識期間，就是瞭解對方的一個有利的時機。這樣做雖然會使你花費一些時間與精力，但相對於能讓你選擇一個好朋友，並且有可能受益終生比起來，這算不了什麼。

三、理性原則

這個原則無論對你選擇朋友，還是結交朋友來說，都是一條非常重要的原則。理性原則就是要求你在選擇朋友和與朋友交往的過程中，應該時刻以理性的思維來指導自己的行動，不可感情用事。理性原則用在選擇朋友方面，就是要求你在還尚未多瞭解對方之前，切勿因感情上的好惡，而貿然作出結交還是不結交的決定。說得具體一點，就是不要因爲對方給你留下了好的印象就置其他於不顧，而主動去接近他；更不要因爲對方給你留下了一個壞印象，而不再與他來往。要知道，一個人在你心目中的形象是會隨著時間的推移、認識的加深而改變的。因此，要保持理性的頭腦，切勿憑一時衝動而損失一個好友或誤交一個損友。

四、擴大交友的層次

選擇朋友也應本著盡量擴大交友範圍的原則。一般而言，某個人的朋友所處的社會層次與他本人所處的社會層次是相近的。基於此，你在選擇朋友時，也應有意識地去選擇一些和你處在不同的社會層次的人交往。這樣可以擴大你的交友範圍，開闊你的視野，從而也使你的人際關係網具有更大的平衡性和能量。

五、準確將朋友定位

在選擇出朋友並交往了一段時間過後，就應當對你的朋友應處在你的人際關係網的何種層次、何種地位上做出適當的定位。對自己的朋友進行適當的定位，對於穩固你的人際關係網、促使你交往更多的朋友，或者定位後採取進一步的措施，都有積極的意義。

你可以按照自己的標準給你的朋友進行定位，比如，根據你與你的朋友之間的關係進行定位，即按照知己型、親密型、一般型的劃分，分別把你的朋友放入不同的層次中。透過對你的朋友的定位，你就可以依據不同的朋友與你的關係而採取不同的交往策略。

此外，古人還強調：「君子絕交，不出惡言。」《菜根譚》中則是這樣警示我們的：「善人未能急親，不宜預揚，恐來讒譖之奸；惡人未能輕去，不宜先發，恐招媒孽之禍。」意思是說：要想結交一個有修養的人不必急著跟他親近，也不必事先來讚揚他，爲的是避免引起壞人的嫉妒而背後誣蔑誹謗；假如想擺脫一個心地險惡的壞人，絕對不可以草率行事隨便把他打發走，尤其不可以打草驚蛇，以免遭受這種人的報復陷害。

絕交，想必有不得不如此的理由，這中間也必然包含著幾許惆悵、憾恨及許多雙方都難以突破的心靈障礙。朋友之所以會走上絕交之路，不一定是誰對誰錯，誰好誰壞這麼簡單的二分差異，而是一定有很多細微又尖銳的矛盾糾結的纏繞困鎖，終使彼此雙方都感覺相當大的不悅，且不悅的程度可能到無法忍受的地步，在萬不得已下，只有絕交來切斷彼此的牽扯。

朋友是要認真篩選的，「絕交」也常常是一種無奈的選擇，但是不可忽略了「好聚好散」的基本原則。

交友不可太輕率隨便

《菜根譚》中寫道：「用人不宜刻，刻則思效者去；交友不宜濫，濫則貢諛者來。」意思是說：用人要寬厚而不可太刻薄，如果太刻薄，即使想為你效力的人，也會由於受不了你的刻薄而離去；交友不可太輕率隨便，否則，那些善於逢迎獻媚的人就會設法接近你，來到你的身邊。

孔子把朋友分成兩大類，一種是益友，一種是損友。孔子說：「益者三友，損者三友，友直，友諒，友多聞，益矣；友便辟，友善柔，友便佞，損矣。」交友宜益人，惡人豈能稱友？高山流水，難得知音，以至知音成爲後人擇友時的一個嚮往。俗語有「酒肉朋友不可交」的說法。交友是不可不加選擇與分別的。常言說：「絕無益之朋，交有德之友。」只有不去濫交朋友，才能避免招致本可避免的禍患。

交朋友要站在道義的立場，互相幫助增進交誼，如果基於利祿的結合，那就是酒肉朋友，在你有錢有勢的時候，他們如蚊蠅之逐臭蜂擁而來；當你金盡勢衰的時候，他們就掉頭不顧而去，這樣的朋友，還不如早早斷絕來往爲妙。

在人際交往中，彼此友誼純潔與否，是和人們的擇友動機密切相關的。出於不正確的擇友動機所構築的友誼，必定經不起時間的考驗，因而這種友誼是廉價的。爲了盡量避開「貢諛者」，在交友過程中，一定要注意克服以下幾種不正確的擇友動機：

一、「趨勢」的自私型

趨勢心理是人們常見的心理現象。喜歡與有名望、有聲望、有地位者相識、相交，這種願望未可厚非。問題是，把名望、聲望乃至「權勢」當作敲門磚、台階石，出於這樣的動機去結交朋友，那就難免落入勢利者的行列了。

二、「共鳴」的非理智型

共鳴是友誼的重要內驅力。人格上的共鳴、興趣上的共鳴、思想上的共鳴、境遇上的共鳴，都是友誼萌生的媒介。但是，人格有高下之別，興趣有雅俗之分，思想有正誤之異，因此，作爲友誼萌生重要渠道的共鳴，應該有理智的介入。人們都瞧不起那種「今朝有酒今朝醉，明日無酒明日散」的酒肉朋友；更瞧不起那些「桌上賭輸贏，別後哭子妻」的賭友。儘管酒肉朋友、賭友之間，也有「交情」可言，但都缺乏理智的基礎，因而他們的「交情」往往是消極甚至是有害的。

三、「互酬」的庸俗型

在倫理範疇裡，庸俗是相對於高尚而言的。人際間的互酬，就其積極含義來解釋，指的是互相支持、互相幫助，這本是高尚的行爲。如果把互酬理解爲互相利用，並以此去選擇、結交朋友，這就使友誼從一開始就納入庸俗的軌道了。擇友中的「互酬」庸俗化的表現主要有三：其一，把別人可以提供的「實惠」作爲擇友親疏的根據；其二，把別人實際提供「實惠」的多少作爲友誼深淺的依據；其三，把自己對別人提供的幫助，作爲索取別人更多「實惠」的途徑，並以此發展「友誼」。這種出於「互酬」庸俗目的而結交的朋友，儘管也打著「互相幫助」的招牌，其實不過是互相利用而已。這樣的朋友，終究是靠不住的。

消除不正確的擇友動機，才能獲得真正的友誼，得到有助於發展自我的外部力量，享受真正的友誼帶來的人生樂趣。

交友須帶三分俠氣

《菜根譚》中寫道：「交友須帶三分俠氣，做人要存一點素心。」意思是說：跟朋友相處時必須抱著患難與共、拔刀相助的俠義精神，而為人處事要有一顆天真無邪的赤子之心。

「有朋自遠方來，不亦樂乎？」這是指真正的良友比骨肉還要親近得多，而真正的良友是不易得到的。朋友往來不可只重視飲宴談笑的交際應酬，應重視道義與心靈之交，即有互相砥礪患難相助的俠義精神，也就是通常所說的交朋友必須講義氣。

交什麼朋友，怎樣交友，這是個一體兩面的問題。朋友有君子、有小人；交友也有君子之交和小人之交。君子之間的友誼平淡清純，但真實親密而能長久；小人的友誼濃烈甜蜜，但虛假多變，經不起時間的考驗。

君子之交以互相砥礪道義、切磋學問、規勸過失爲目的，友誼是建立在互相理解、思想一致的基礎之上的，故雖平淡如水，但能風雨同舟，生死不渝；小人之交是建立在私利的基礎上的，平時甜言蜜語，信誓旦旦，一旦面臨利害衝突，就會交疏情絕，反目成仇。

君子之交和小人之交的區別在於「同道」還是「同利」。

小人之交因爲是爲了私利而互相勾結，所以，見利就爭先，利盡就交疏。這樣的朋友是假朋友，或者是暫時的朋友。

君子之交是堅持道義的原則和社會的使命，所以能夠相益共濟，始終如一。這樣的朋友才是可靠的真朋友。

公孫穆生活在東漢時期，他非常熱愛學習，總是想盡辦法，抓住一切機會來學習，當時的許多人都因爲他好學而對他稱讚不已。

公孫穆讀了不少書以後，還想進一步擴大知識面，完善自己，但是靠自學又覺得力不從心。那時候設有太學，太學裡的老師知識淵博、見識很廣，公孫穆就想進太學去繼續學習。可是上太學需要交一大筆學費，另外還有平時食宿的開銷，金額高得驚人，而公孫穆家裡很窮，根本出不起這筆錢。

怎麼辦呢？公孫穆一下子也想不出什麼辦法來，只好先暫時停止了學習。爲此，他苦惱極了。

有個富商名叫吳祐，十分通情達理，對人總是很誠懇。有一次，他要招雇一批舂米的工人，派人把消息放了出去。

有人把這事告訴了公孫穆，公孫穆高興極了。他想：這下可有機會賺些錢繼續求學了！那時候，去給人舂米被認爲是低賤的工作，但公孫穆已經顧不得這些了，他把自己打扮成那種鄉下農夫的樣子，穿一套短衫短褲，就去應徵了。

一天，吳裕打算去舂米的地方看一看，巡視一番。他信步一路走來，東瞧瞧，西看看，最後在公孫穆身邊站住了。公孫穆正做得滿頭大汗，也沒有注意吳裕在他旁邊，還是一個勁地舂他的米。

過了好一會兒，吳裕越看越覺得公孫穆的動作不很熟練，體力也不怎麼好，不太像一個舂米工人，就問他道：「小伙子，你爲什麼會到我這兒來工作呢？」

公孫穆隨口答道：「爲了賺些錢作學費。」

吳裕說：「哦，原來你是個讀書人啊，怪不得我看你斯斯文文的，不太像工人。別做了，休息一會兒吧，咱們倆聊聊！」

他倆談得十分投機，相見恨晚。後來，這兩個人就結成了莫逆之交。

吳裕並沒有因爲貧富懸殊而瞧不起公孫穆這個窮書生，反而視他爲朋友，這種不以物質的眼光看人的精神是很可貴的。吳裕的名字也因此世代為人們所傳頌。

我們在交朋友時，也應該始終保持一顆純潔之心，不能以貴賤、貧富為標準，而要更看重對方的才識和品行。這樣的友誼才能持久，才能給彼此帶來好處。

平等待人

《菜根譚》中寫道：「天地中萬物，人倫中萬情，世界中萬事，以俗眼觀，紛紛各異，以道眼觀，種種是常，何須分別，何須取捨！」意思是說：天地間的萬物，人與人之間錯綜複雜的感情，以及世界上不斷發生的種種事情，如果用世俗眼光去觀察，就會感到變幻不定令人頭昏目眩；如果用超世俗的眼光去觀察，就會發現，事物的本質是永恆不變的。可見，不論對人對物或對事，只要能以大公無私的平等態度去對待，又何必要有分別？何必要有取捨呢？

以悟道者的眼光來觀察，千差萬別的事物都是常住的實相。萬物一律平等，並無彼此的分別，並且不必對他們有什麼取捨和憎愛。

慧遠法師結舍於廬山，時值東晉南北朝的戰亂之時。廬循佔據江州，雄霸一方，宋武帝劉裕幾次降詔招撫，廬循都不肯從命。一場戰爭勢所不免。那廬循雖然身為國寇，對慧遠法師卻是禮敬有加，前後多次入廬山拜訪。原來，廬循的父親廬遐年少時曾與慧遠為同學，同窗學藝，交情也非同一般。廬循既視慧遠為父執長輩，又久慕慧遠的佛學聲名，因此執禮甚恭，常入山問候慧遠的起居。

然而，慧遠與廬循的來往卻引起了弟子們的擔心。他們勸諫說：「師父啊，你千萬不要再與廬循交往了。你想，廬循身為國寇，早就引起宋武帝的痛恨，被視為眼中釘、肉中刺，廬循遲早為武帝所滅，你與廬循交往，難道不怕禍害降臨嗎？」

慧遠回答：「你們的佛法是怎麼學的，連這點道理也不懂？我佛法中情無取捨，隨遇而安，對人也不能以其尊卑貴賤而略有差別。盧循雖為國寇，對我來說卻只是佛門弟子一位，哪裡是什麼國寇了？對此，知道我的人自會明白，我有什麼好怕的！」

弟子赧顏而退。慧遠遂與盧循繼續往來，每次相見，必是歡笑盡興而畢。

後來，宋武帝果然出兵討伐盧循，路過盧山，左右進諫說：「慧遠素在廬山，與盧循交情深厚，過從甚密。我們是否要把慧遠給抓起來？」

宋武帝說：「慧遠法師乃出家之人，情無取捨，他與盧循往來是佛法的本分，有什麼可疑的？」宋武帝不但不抓慧遠，反而差人送信問候，並送了慧遠一大筆財物。

在日常生活中，有些人總是用高低貴賤來看待人，總想做人上人，這就難免心態失衡。所以，教育家陶行知先生告誡我們說：「不要做人上人，也不要做人下人，要做人中人。」只有把自己放在與眾人平等的地位，才可能保持平和的心態。

但是，人處在社會上，財富地位不均，是客觀存在的事實，如何能獲得平等的心態呢？

有人曾用農民洗紅薯來比喻人生際遇——農業時期在農村生活過的朋友大都見過洗紅薯的情景：將剛挖的紅薯放在竹籮中，浸到水裡，左右搖晃，紅薯便不停的浮上來，又沉下去。人生也是這樣啊！有時候，這撥人浮上來，那撥人沉下去；有時候，那撥人浮上來，這撥人又沉下去。社會是動態的，人生是動態的，一個兩手空空的人，過幾年可能成了千萬富翁；一個富甲一方的人，過幾年可能蹲進了監獄，這不是生活中每天都在發生的事嗎？

其實，無論這條紅薯是浮上來，還是沉下去，都是一條紅薯，大同小異；無論這個人地位高低，都是人中人，人格平等。想通了這個問題，你就會真正獲得平等的心態。

你的地位不夠高，固然不能輕視別人；你的地位很高，也不能輕視地位比你低的人。相反，你的地位越高，越是需要地位較低的人維護。世上的事都是如此：你把自己擺得越高，你在別人心目中的形象越低；你的姿態越低，別人把你看得越高。

有的人尊重地位比自己高的人，卻輕視不如自己的人，侮辱地位比較低賤的人，這不僅會損害人格，有時還會帶來意外的災禍。

一位富翁給他的兒子講過一個他親身經歷的故事：那天，富翁打算乘飛機到紐約去。辦理行李托運手續時，一位男士也在托運行李。男士粗魯地催促搬運工動作快一點，稍不如意，就辱罵搬運工。搬運工默默地忍受著呵斥。

男士離開後，富翁心裡很過意不去，走上前去安慰那位搬運工說：「您真是一個有教養的人。儘管有人對您無禮，您還是保持了風度。」

搬運工淡淡一笑說：「這沒什麼！因爲我是一個基督徒。」隨即，他又補充說：「那個人想去紐約，不過他恐怕需要到洛杉磯去取他的行李。」

富翁既驚訝又覺得好笑。他將這件事講給兒子聽，目的是告誡他，千萬不要輕視小人物！因爲小人物的某個小舉措，完全可能變成你生活中的一件大事。

相對來說，小人物打擊你的力量比幫助你的力量更大。打個比方，一個人沒有能力蓋起一座房子，他卻有能力拆毀一座房子。很多人的房子不是毀在比自己強大的人手上，而是毀在小人物手上。

春秋時，鄭國進攻宋國。宋國派大將華元率軍迎敵。爲了鼓舞士氣，華元殺羊犒勞將士們，卻沒有分給爲自己駕車的羊斟吃。開戰後，羊斟冷冷的對華元說：「以前分羊肉，是你做主。今天的事，是我做主。」說完，駕著車子一直馳入鄭軍中。結果，華元被俘，宋軍大敗。

華元也許做夢都想不到自己會毀在一個微不足道的車伕手上，這是他的愚蠢。因爲他不懂得放低姿態、平等對待每一個人的道理。

趙州從諗禪師有句名言：「喫茶去」，無論你到沒到過趙州，無論你是平民百性還是達官要人，來到禪師面前，一律都「喫茶去」！這裡面包藏著一個了不起的禪機。可是，我們許多人卻不能以這樣一種平等心和平常心來爲人處世。有的老闆，用人只看學歷、資歷或是關係背景，完全不給自學成才者一個嘗試的機會，他們的茶是只給到過趙州的人吃的。而這種差別心又導致了多少幕人間悲劇啊！

有許多人，過分追求名流，上大學要擇名校而不是注重專業，找工作要找名氣大的公司而不是考慮實用，穿衣服要穿名牌貨而不管它是否符合自己的個性；還有的人患上了嚴重的勢利眼病，對不如自己的人就輕視侮慢，頭擡得高高的，用白眼看人，而對權貴大亨則滿臉堆笑，言語生花，極盡奉承巴結之能事。這樣的人，自以爲生活得高人一等，但實際上卻很可憐，毫無人格可言。他們表面上活得比別人幸福，內心卻比別人痛苦。因爲，人的本性應該是自由自在、無所罣礙的。有了那麼多的雜事和俗念，人還能活得輕鬆快樂嗎？人一旦被別人的觀念所左右，就會迷失自我，隨波逐流，蹈入無邊無際的不安之中，這是十分可悲的。

所以說，在這個喧囂的現實社會中，爲人處世保持「喫茶去」的心態是非常必要的，也是非常有益的。

在現實生活中，我們首先要學會謙虛謹慎。無論對方地位高低，都要一視同仁，都不宜怠慢。這不僅是一種修養和品格，也是一種減少人生道路上的障礙和自保的智慧。

對人不要求全責備

《菜根譚》中寫道：「不責人小過，不發人隱私，不念人舊惡，三者可以養德，亦可以遠害。」意思是說：做人的基本原則，就是不要責難別人所犯下的輕微過失，不要隨便揭發他人生活中的隱私，更不可以對他人過去的過失或舊仇耿耿於懷，久久不肯忘掉。做到這三點，不但可以培養自己的品德，也可以徹底避免遭受意外的災禍。

賢明的古人一向都教育人要「寬恕」、「容忍」。別人對不起你，往往有他自己的原因或苦衷，設身處地爲他們著想，多看人的好，少念人的惡，就會自然而然生發出一種同情心和寬容心，自己的人生道路也會變得相對寬敞很多。

宋太宗時期，有人上奏說，在汴河從事水運工作的官吏中，有人私運官貨到其他地方賣，影響到周圍的一些人，眾人頗有微詞。

聽了這話，太宗向左右說：「要將這些害蟲完全根除實在不是容易的事，這就像以東西堵塞鼠洞一樣無濟於事。對此，不可以過於認真，只須將有些做得過分、影響極大的首惡分子懲辦了即可。如有些官船偶有挾私行爲，只要他沒有妨礙正常公務，就不必過分追究了。總之，這樣做也是爲了確保官運物資的暢行無阻呀！」

站在一旁的宰相呂蒙正也表示贊同，他說：「水若過清，則魚不留；人若過嚴，則人心背。一般而言，君子都看不慣小人的所作所爲，如過分追究，恐有亂生。不若寬容之，使之知禁，這樣才能使管理工作順利開展。從前，漢朝的曹參對司法與市場的管理非常慎重。他認爲，在處理善惡的執法量刑上應該有彈性，要寬嚴適度。謹慎從事，必然能使惡人無所遁形。這正如聖上所言，就是在小事上不要太苛刻。」

呂蒙正不僅是這樣說的，也是這樣做的。他素以不喜歡與人斤斤計較而出名。

他剛任宰相時，有一位官員在簾子後面指著他對別人說：「這個無名小子也配當宰相嗎？」呂蒙正假裝沒聽見，大步走了過去。其他參政為他忿忿不平，準備去查問是什麼人敢如此膽大包天，呂蒙正知道後，急忙阻止了他們。

散朝後，那些參政仍感到不平，後悔剛才沒有找出那個人。呂蒙正對他們說：「如果知道了他的姓名，那麼就一輩子也忘不掉。這樣的話，耿耿於懷，多麼不好啊！所以，千萬不要去查問此人姓名。其實，不知道他是誰，對我並沒有什麼損失呀！」當時的人都佩服他氣量大。

做人做事還是寬容些好。我國有句古訓：「欲樂，莫過於善。」這裡的善就包含了寬容和豁達的意思。

寬容和豁達是聯繫人心的金鏈，只有寬容才能讓所有的人和諧共處。在生活中，一定要讓自己豁達些，對朋友，可以採取「睜一隻眼，閉一隻眼」的態度。這樣，自己才不至於鑽入牛角尖，也才能讓自己不斷進步。

「不責人小過」，還要求我們多看到對方的優點和長處。其實，每一個人都有長處，問題是在於發現。

比如某人事業上很有才氣，但生活處世能力卻很差，那麼，如果擇其長處學習，你就會和對方建立友誼，相處和睦。相反，你睜大雙眼看對方，要求對方什麼都好，那麼，最終是你失去友誼和失去朋友。閉一隻眼看朋友，也是一種寬容的處世之道。

「不念人舊惡」，對於維護良好的人際關係也是非常重要的。比如，你的朋友過去曾失足過，或者至今有某些缺點，你與他相處，不妨迴避對方的傷疤，忘記他的過去，尊重他的今天。

寄希望於他的明天，那麼，你交朋友的視野就更爲寬廣，決不會因斤斤計較著某個朋友的過去而與對方不能相處。又比如，某人從前曾冒犯你，或做了對不起你的某件事，如他已認錯了，你也不妨閉上一隻眼，讓昨日的誤會與衝突隨歲月而流逝，這自然不是無緣無故的寬恕，而是一種風度，同時讓對方認識到你不凡的胸襟與風度。

世界上本來就沒有完美無缺的人，如果你睜大雙眼看對方，總可以發現對方有許多弱點，如以這種尺度去尋找朋友，你就會對生活充滿了失望。也只能求大同存小異，你的過分挑剔以及過分苛求，最終可能使你連一個朋友也找不到；或者說你的朋友，因爲你過分睜大雙眼，而對你敬而遠之，遠而避之，直至退避三舍。

每個人在生活中總會遇到挫折，從挫折中經歷失敗的考驗，從幼稚走向成熟，從認識弱點走向克服弱點，那麼，我們完全不必要把對方的過去洞察得完全透明化，你只要認爲對方是一個真誠的人，即使他有某些與你格格不入的嗜好或其他經歷上所沒有的東西，你也不必大加追究。

睜一隻眼，就要多看到對方的長處；閉一隻眼，就是少看到對方的弱點。只有這樣，才是精明者應持的態度，你才能享受到交友的樂趣。

水至清則無魚

《菜根譚》中寫道：「地之穢者多生物，水之清者常無魚，故君子當存含垢納污之量，不可持好潔獨行之操。」意思是說：一塊堆滿了腐草和糞便的土地，能生長許多植物；一條清澈見底的河流，常常不會有任何魚蝦來繁殖。所以，一個有修養的君子，應該有容忍庸俗的氣度和寬宏他人的雅量，絕對不可孤芳自賞、自命清高，不跟任何人來往，而陷入孤立無援的狀態。

常言道：「水至清則無魚，人至察則無友。」我們立身處世的基本態度，必須有清濁並容的雅量。一個人要想創造一番事業，就必須有恢宏的氣度，有「厚德載物，雅量容人」的胸襟。

如果你與周圍的人，關係處得不夠好，你可以隨便找幾個理由，說明你是如何清白無辜、錯誤全在他人。或許你的解釋很有說服力。不過，你應該想到的是，這種不良的人際環境，很大程度上是你自己製造的。

你對同事的言談舉止不屑一顧時，你就以所謂的「清高」與他們拉開了距離——儘管他們可能談的的確粗俗，你有道理這樣做。

當你誇誇其談，旁若無人地表現自己時，你的居高臨下可能招來狂妄的評價——儘管你確屬於才華橫溢之輩。

當你仰著臉語氣冰冷地待人時，你等於孤立自己了；當你豎起眉毛，瞪圓雙眼時，你與他人的關係已陷入險惡了。不論你是否應該這麼做，從結果上看，這都背離了你的願望。

除非你躲入深山老林，獨居塵世之外，否則你總要生活在親戚朋友、同鄉、同學、同事之中。這些人的性格脾氣、志向愛好、學識趣味、品德才貌，一定是形形色色。若是上帝複製十個你與你一起工作，喝同一個牌子的啤酒，發同樣的牢騷，甚至愛同一個女人，豈不是很可怕嗎？

認同周圍的人是由各種角色組成的，是處理人際關係的基本前提，你只能而且必須與不同才幹的人活在一起，這是你無法選擇的，你只能面對這個現實。你可以反感迪斯可舞串了味，變成了老年人的健身操，但你絕沒有理由討厭跳這類舞的人，你選擇不看就是了；如果你能以優美的華爾茲、探戈舞步喚起他們的興趣，做他們的教練，你就與他們貼近了。

這麼一來，你在日常小事的處理中變不利爲有利，你自己創造了和諧的人際環境。另外，你的期望值不能過高，你永遠不可能讓所有的人都說好。假如我們承認多數人是好人，能與多數人處好關係，我們的人際環境就是和諧的。我們與別人合作的時候，就能夠保障效率，減少內耗。

容人也是一種美德。

盡量做到「一念慈祥」

《菜根譚》中寫道：「一念慈祥，可以醞釀兩間和氣；寸心潔白，可以昭垂百代清芬。」意思是說：人在一念之間的慈祥，可以創造人際之間和平之氣；人能保持心地純潔清白，就可以使美名千古流傳。

春秋末年，齊國的國君荒淫無道，橫徵暴斂，逼取於民以無度。齊國的貴族田成子看到這種情況後，對他的幕僚說：「公室用這種搾取的手段，雖然得到了不少財富，但這種取是『取之猶捨也』。倉儲雖實，但國家不固，終是『嫁衣』。」

於是田成子製作了大、小兩種鬥，大開自己的倉儲接待饑民，用大鬥出借穀米，用小斗回收還來的穀米，「予民於惠」，於是齊國人民不肯再為公室種田效力而投奔於田成子門下，一時「民歸之如流水」。田成子用這種大斗出小斗進的方式，借出的是糧食，收進的是民心，貌似給予，實則得到。果然，齊國的國君寶座最後為田氏家族所得。史學家范曄說：「天下皆知取之為取，而不知與之為取。」正是對這種「慈祥」處世觀的一語道破。

得與失的互為轉化之效果，有時也並不是馬上就可以見到的。但是懂得處世之道的人，總是盡量做到「一念慈祥」，因而，為自己積累了良好的人脈。

戰國時，齊國的孟嘗君是一個以養士出名的相國。由於他待士十分真誠，感動了一個具真才實學而十分落魄的士人，名叫馮諼。馮諼在受到孟嘗君的禮遇後，決心為他效力。一次孟嘗君叫人替他到其封地薛邑討債，問誰肯去。馮諼說：「我願意去，但不知需用催討回來的錢，買什麼東西？」孟嘗君說：「就買點我們家沒有的東西吧！」

馮諼領命而去，到了薛邑後。他見到老百姓的生活十分窮困，聽說孟嘗君的討債使者來了，均嘖嘖有怨言。於是，他召集了邑中居民，對大家說：「孟嘗君知道大家生活困難，這次特意派我來告訴大家，以前的欠債一律作廢，利息也不用償還了。孟嘗君叫我把債券也帶來了，今天當著大家的面，我把它燒燬，從今以後，再不催還！」說著，馮諼果真點起一把火，把債券都燒完了。

薛邑的百姓沒有料到孟嘗君是如此仁義，個個感激涕零。

馮諼回來後，孟嘗君問他：「討回來的錢呢？」

馮諼回答說：「錢不但沒討回，借債的債券也燒了。」孟嘗君便大不高興。

馮諼對他說：「您不是要叫我買家中沒有的東西回來嗎？我已經給您買

回來了，這就是『義』。焚券市義，這對您收歸民心是大有好處的啊！」

果然，才過數年之後，孟嘗君被人誹謗誣告，齊相不保，只好回到自己的封地薛邑。薛邑的百姓聽說恩公孟嘗君回來了，全城出動，夾道歡迎，表示堅決擁護他，跟著他走。孟嘗君極爲感動，這時才體會到馮諼的「市義」苦心。這就叫「好與者，必多取」，小的損失可以換取大的利益。

「愛出者愛返，福往者福來」，人世間的事情，有了付出才有回報。沒有無回報的付出；也沒有無付出的回報。付出越多，得到的回報越大。

待人處事的心胸要寬厚

《菜根譚》中寫道：「面前的田地要放得寬，使人無不平之歎；身後的惠澤要流得長，使人有不匱之思。」「仁人心地寬舒，便福厚而慶長，事事成個寬舒氣象；鄙夫念頭迫促，便祿薄而澤短，事事成個迫促規模。」意思是說：一個人待人處事的心胸要寬厚，只有如此，才能使你身邊的人不會有不平的牢騷；死後留給子孫與世人的恩澤要流得長遠，才會使子孫後代永遠思念。心地仁慈博愛的人，由於胸懷寬闊舒暢，所以，能享受豐厚的福祿而且長久，事事都有寬宏大量的氣度；反之，心胸狹窄的人，由於眼光短淺思維狹隘，以致所得到的利祿是短暫的，落得凡事只顧到眼前而臨事緊迫的局面。

這裡強調的都是爲人處世要豁達。有這樣一句名言：「寬懷大度一些，機會便多了，世界也大了；褊狹小氣，機會便少了，世界也小了。」表達的是同一種思想。

豁達是一種博大的胸懷、超然灑脫的態度，也是人類個性最高的境界之一。一般說來，豁達開朗之人比較寬容，能夠對別人不同的看法、思想、言論、行爲，以至他們的宗教信仰、種族觀念等都加以理解和尊重；不輕易把自己認爲「正確」或者「錯誤」的東西強加於別人。他們也有不同意別人的觀點或做法的時候，但他們會尊重別人的選擇，給予別人自由思考和生存的權利。

有時候，往往是豁達產生寬容，寬容導致自由。記得胡適先生說過，如果大家希望享有自由的話，每個人均應採取兩種態度：在道德方面，大家都應有謙虛的美德，每人都必須持有自己的看法，不一定是對的態度；在心理方面，每人都應有開闊的胸襟與兼容並蓄的雅量，來寬容與自己不同甚至相反的意見。換句話說，採取了這兩種態度以後，你會容忍我的意見，我也會容忍你的意見，這樣大家便都享有自由了。

當然，豁達並非等於無限度的容忍別人，開朗並不等於接受或姑息對己構成危害的犯罪行爲。但對於個人而言，豁達往往會有更好的人際關係，自己在心理上也會減少仇恨和不健康的情感；對於一個群體而言，寬容開朗，無疑是創造一種和諧氣氛的調節劑。因此，豁達寬容是建立良好人際關係的一大法寶，同時也是一個人完善個性的展現。

美國有位作家曾說過：「沒有豁達就沒有寬鬆。無論你取得多大的成功，無論你爬過多高的山，無論你有多少閒暇，無論你有多少美好的目標，沒有寬容心，你仍然會遭受內心的痛苦。世界上最大的是海洋，比海洋更大的是天空，比天空更大的是人的胸懷。」

一個人只有豁達、開朗、寬容，才能接受別人，善於與他人相處，能承認他人存在的意義和作用，他也就能被他人所理解和接受，爲群體所接納，就能與別人互相溝通和交往，人際關係才會協調，才能與群體成員融爲一體。合群的人，常常能夠與朋友共享快樂，表現出積極的態度總是多於消極的情感；即使在單獨一人時，也能安然處之，無孤獨之感。因爲這種具有積極情感的人，會感受到自己存在的價值，能夠對自己的能力、個性、情感、長處和不足做出恰當和客觀的評價，不會對自己提出苛刻的、不切實際的要求，能恰如其分的確定自己的奮鬥目標和做人的原則，努力發展自身的潛能，並不迴避和否認自己的缺陷，盡量用自己的樂觀情緒去感染別人。正是這些特點，才使得一個人贏得大家的喜愛和認同。

路徑窄處留一步

《菜根譚》中寫道：「路徑窄處留一步，與人行；滋味濃的減三分，讓人嘗。此是涉世一極樂法。」「爭先的徑路窄，退後一步自寬平一步；濃艷的滋味短，清淡一分自悠長一分。」

意思是說：在狹窄的小路上行走，要留一點餘地讓別人走；遇到美味可口的食物，要留出三分讓給別人吃。這就是立身處世最安全快樂的方法之一。與人爭強好勝時就覺得道路很窄，假如能退後一步讓人先走，自然覺得路面寬平很多；太過濃艷的味道容易使人膩味，是短暫的，假如能清淡一分，自然會覺得滋味歷久彌香。

明代才子馮夢龍在《廣笑府．尚氣》篇中記載了這樣一則故事：

從前，有父子二人，性格都非常剛直，生活中從來不對人低頭，也不讓人，且不後退半步。

一天，家中來了客人，父親命兒子去市場買肉。兒子拿著錢在屠夫處買了幾斤上好的肉，用繩子串著轉身回家，來到城門時，迎面碰上一個人，雙方都寸步不讓，誰也不願意避開，於是，面對面的杵在那兒，僵持了很長的時間。

日已正中，家中還在等肉下鍋待客飲酒，做父親的不由得十分焦急起來，便出門去尋找買肉未歸的兒子。剛到城門處，看見兒子還僵立在那兒，半點也沒有讓人的意思。

父親心下大喜：「這真是我的好兒子，性格這麼剛直。」又大怒：「那是什麼人，竟敢如此放肆？」

他躡步上前，大聲說道：「好兒子，你先將肉送回去，陪客人吃飯，讓爲父的站在這兒與他對抗！」

話音剛落，父親與兒子交換了一個位置，兒子回家去烹肉煮酒待客；父親則站在那個人的對面，如怒目金剛般挺立不動。惹得眾多的圍觀者大笑不止。

一般而言，性格剛直者在處世中不易吃虧，受人欽佩，但太剛直了反而會失去理性，這種人往往固執己見，嚴守自我的做人準則，不退讓，不變通，沒有半點柔弱的氣象。

人生在世，無一點剛直之氣是不行的，尤其是應該心有所主，擁有一些確定的做人的準則。這樣，人們可勇氣倍增，可與人抗爭、與社會黑暗的東西抗衡，凸顯出自我的個性和風貌。

但是，剛直並不是賭氣，不是去追求無益的個人「勝利」，就像馮夢龍先生筆下所敘述的這對剛直的父子，僅僅為了避讓的小事，就與人對立僵持，不管其他的事，這就由剛直走向了喪失理智，久之會引起別人的厭惡，最終會在人生旅途中碰得頭破血流。

在這方面，被譽為「普賢化身」的拾得禪師的理念就非常有見地。

唐代豐干禪師，住在天台山國清寺，一天，在松林漫步，山道旁忽然傳來小孩啼哭聲音，他尋聲一看，原來是一個稚齡的小孩，衣服雖不整，但相貌奇偉，問了附近村莊人家，沒有人知道這是誰家的孩子，豐干禪師不得已，只好把這男孩帶回國清寺，等待人家來認領。因他是豐干禪師撿回來的，所以大家都叫他「拾得」。

拾得在國清寺安住下來，漸漸長大以後，上座就讓他擔任行堂（添飯）的工作。

時間長了，拾得也交了不少道友，尤其與其中一個名叫寒山的貧子，相交最爲莫逆。因爲寒山貧困，拾得就將齋堂裡吃剩的飯菜用一個竹筒裝起來，給寒山背回去用。

有一天，寒山問拾得說：「如果世間有人無端誹謗我、欺負我、侮辱我、恥笑我、輕視我、鄙賤我、惡厭我、欺騙我，我要怎麼做才好呢？」

拾得回答道：「你不妨忍著他、謙讓他、任由他、避開他、耐煩他、尊敬他、不要理會他。再過幾年，你且看他如何。」

拾得禪師強調的正是「退後一步自寬平一步」的處世原則。

讓一步，寬一分

《菜根譚》中寫道：「處世讓一步為高，退步即進步的張本；待人寬一分是福，利人實利己的根基。」「念頭寬厚的，如春風煦育，萬物遭之而生；念頭忌的，如朔雪陰凝，萬物遭之而死。」

意思是說：為人處世都要有讓人一步的態度才算高明，因為讓人一步就等於為日後進一步做好了準備；待人接物以抱寬厚真誠的態度為最快樂，因為給人家方便，是日後給自己留下方便的基礎。一個胸懷寬宏忠厚的人，好比溫暖的春風化育萬物，能給一切具有生命的東西帶來生機；一個胸襟狹隘、斤斤計較的人，好比寒冷凝固的冰雪，能給一切具有生命的東西帶來殺氣。

古人強調：「讓一步，寬一分。」學會了忍讓的功夫，就會在生活中減少很多煩惱和痲煩。

隋朝時有一個大臣叫牛弘，他好學博聞，寬宏大量，待人接物的關係都處理得很好。

有一次，他的弟弟牛強喝多了酒，把牛弘駕車用的牛殺死了。牛弘從外面回到家裡後，他的妻子迎上前對他說：「小叔喝醉了酒耍酒瘋，把牛射死了。」

牛弘聽了，什麼也沒說，只是說將牛肉做成肉脯算了。他妻子做完之後，又提殺牛一事，牛弘又說：「剩下的做湯。」過一會兒，他妻子又嘮叨殺牛一事，這時，牛弘才說：「我已經知道了。」一點也沒有生氣的樣子，臉色像平時一樣溫和，甚至連頭也沒抬，繼續看他的書。

妻子見丈夫如此豁達能忍，自覺慚愧，從此不再提殺牛之事。牛家因此一片和氣，聽不到任何閒言碎語，弟弟也因此收斂不少。

在社會裡生存，求的是一生平安、和祥瑞氣，牛弘無疑深知這點。在我們平日的人際交往中，也應該學會忍讓。

比如在單位與同事的交往，在家裡與親人的相處，甚至在社會與陌生人打交道，一定要本著寬容的原則去處理事情，不僅自己能夠心安理得，也能永保平安，建立良好的人際關係。

南京多寶寺內彌勒佛旁的一副對聯說：「大肚能容，容天容地，於己何所不容；開口便笑，笑古笑今，凡事付之一笑。」

這副對聯主張無所不容，寬容別人的種種。

的確，寸有所長，尺有所短。你自己也有許多缺點和錯誤，並得到了別人的諒解和寬容。將心比心，你對待別人的缺點和錯誤，也都應該採取寬容的態度。要知道，寬容別人的錯誤，不等於辱沒自己的尊嚴。也不是說不講原則是非，寬容一切無理的行爲。寬容是在不出大原則的前提下的理解與諒解，是一種真誠的厚道。

北京潭柘寺內一副對聯另有一番境界：「大肚能容，容天下難容之事；開口便笑，笑世上可笑之人。」這副對聯在寬容上強調的是要容天下難容之事。一般人要寬容一般的事，還比較容易；遇到難容的事，能夠寬容的就不容易了。

爲什麼古往今來，聰明的處世者都要提倡「忍」，甚至把「忍」擺在爲人處世謀略中的第一個位置呢？其實，道理是很簡單的，因爲忍有諸多的利益回報與妙用，「一忍百事成」，遇事能忍，的確可以稱得上是有百利而無一害。

古時候人們想殺一頭熊，會在一碗蜂蜜的上方吊一根沉重的木頭。熊想吃蜂蜜時，必須先推開木頭，而木頭會盪回來撞熊。熊生氣的用更大的力氣來推開木頭，而木頭也更猛烈的撞擊它。就這樣不斷重複，直到木頭撞死熊爲止。當人們以怨報怨時，便是在做同樣的事。人難道不能比熊聰明些？

人都是按照各自的想法去行動的，而且每個人也都希望每一件事都能按照自己的意願去執行。但是，如果認爲每一件事都非得照著自己的想法去進行不可的話，這樣的人就不僅是一個性情固執的人，而且也可以稱之爲傲慢的人了。

每一個人都會認爲自己是最正確的。但是，到底誰才是最正確的，這個問題不能單由一己之觀點來評判。

所以，如果因爲和自己想法不同，就認爲對方是傻瓜；因爲和自己的追求不同，就認爲對方是一個不可救藥之人，甚至加以迫害，這樣的做法實在是偏激和錯誤的。

而真正聰明的人懂得，每一個人都會犯錯，我們是善良與邪惡、成功與失敗、信心與失望、群聚與孤獨、勇氣與恐懼的混合體。人之所以相同，在於他們一生中有偉大的時候，也有渺小的時候，因時而異。唯有經由寬恕，我們才能發現，在我們一生當中，偉大的一面佔了絕大部分的時光。

英國小說家理德有本書名爲《設身處地》。如果你能使這四個字成爲你的生活習慣，進而成爲你的第二天性，你一定會是快樂的人。你要抨擊他人時，不妨先自問：「要是我在他的處境之下，我會怎麼做？」

不要將厭惡寫在臉上

《菜根譚》中寫道：「待小人不難於嚴，而難於不惡。」意思是說：對待道德品行不端的小人，抱嚴厲的態度並不困難，困難的是內心不憎恨他們。

小人總是有很多過失被人發現，因此一般人誰都會嚴詞訓勉他們，這做起來並不困難。困難的是在於不討厭他們。或者說，不表現出討厭他們的樣子。然而，缺少這種處世謀略的人，卻往往給自身帶來麻煩，甚至是災難。

唐朝的楊炎和盧杞兩人同任宰相。楊炎善於理財，文才也好；而盧杞，除了巧言善辯，別無所長，但忌賢妒能，使壞主意害人卻是他的拿手好戲。

兩個人在外表上也有很大不同，楊炎是個美髯公，儀表堂堂；盧杞臉上有大片藍色痣斑，相貌奇醜，形容猥瑣。

同在政事堂辦公，一同吃飯，楊炎不願與他同桌而食，經常找個藉口在別處單獨吃飯。

有人趁機對盧杞挑撥說：「楊大人瞧不起你，不願跟你在一起吃飯。」盧杞自然懷恨在心，便先找楊炎下屬官員的過錯，並上奏皇帝。

楊炎因此而忿忿不平，說道：「我的手下人有什麼過錯，自有我來處理。如果我不處理，可以一起商量。他爲什麼要瞞著我，暗中向皇帝打小報告？」兩個人的隔閡越來越深，常常是你提出一條什麼建議，我偏偏反對；你要推薦一些人，我就推薦另一些人，總是彼此對立著。

當時，有一個藩鎮割據勢力梁崇義發動叛亂，德宗皇帝命令另一名藩鎮李希烈去討伐，楊炎不同意，說：「李希烈這個人，殺害了對他十分信任的養父而奪其職位，爲人凶狠無情，沒有功勞卻傲視朝廷，不守法度，若是在平定梁崇義時立了功，以後更不可控制了。」

德宗已經下定了決心，對楊炎說：「這件事你就不要管了！」楊炎卻不把德宗的決定放在眼裡，一再表示反對，這使對他早就不滿的皇帝更加生氣。

不巧趕上天下大雨，李希烈一直沒有出兵，盧杞看到這是扳倒楊炎的好時機，便對德宗皇帝說：「李希烈之所以拖延不肯出兵，正是因爲聽說楊炎反對他的緣故，陛下何必爲了保全楊炎的面子而影響平定叛軍的大事呢？不如暫時免去楊炎宰相的職位，讓李希烈放心，等到叛軍平定以後，再重新起用，也沒有什麼大關係！」

這番話看上去完全是爲朝廷考慮，也沒有一句傷害楊炎的話，盧杞排擠人的手段就是這麼高明。德宗皇帝果然信以爲真，於是免去了楊炎宰相的職務。

從此盧杞獨掌大權，楊炎可就在他的掌握之中了，他自然不會讓楊炎東山再起的，便找機會整楊炎。楊炎在長安曲江池邊爲祖先建了座祠廟，盧杞便誣奏說：「那塊地方有帝王之氣，早在玄宗時代，宰相蕭嵩便會在那裡建立過家廟，玄宗皇帝不同意，令他遷走；現在楊炎又在那裡建家廟，必定是懷有篡位的野心！」

早就想除掉楊炎的德宗皇帝便以盧杞這番話爲藉口，先將楊炎貶至崖州，隨即將他殺死。

楊炎把對盧杞的蔑視表現在明處，最終被盧杞所害，這實在值得警戒！相比之下，郭子儀則比較謹慎。他每次會見客人的時候，常有很多侍女陪伴在他的左右。

但是，只要一聽說盧杞來到，郭子儀就會命令侍女全部下去迴避。他的兒子們不明白這是什麼原因，郭子儀回答說：「盧杞的容貌醜陋，婦人見了沒有不笑的。我要是不叫侍女迴避，她們肯定不可避免地要笑出聲來的。盧杞心胸狹窄，會記恨在心的。將來如果他得志，我們全家人就都活不成了。」

正是因爲郭子儀謹小慎微，才最終沒有爲小人所害。

排除存積在內心的怨恨

《菜根譚》中寫道：「天運之寒暑易避，人世之炎涼難除；人世之炎涼易除，吾心之冰炭難去。去得此中之冰炭，則滿腔皆和氣，自隨地有春風矣。」

意思是說：大自然的寒冷冬天和炎熱的夏天都容易躲避，人世間的炎涼冷暖卻難以消除；人世間的炎涼冷暖即使容易消除，存積在我們內心的恩仇怨恨卻不易排除。假如有人能排除積壓在心中的恩仇怨恨，那祥和之氣就會充滿胸懷，這樣，自然也就到處都充滿極富生機的春風。

在生活中，假如你能本著「以德報德，以恩報怨」的態度，自然會使你的人際關係化戾氣為祥和。明白這些道理就先要修心，人的道德修養主要表現在待人上，是恩怨於心，還是「人我兩忘，恩怨皆空」，決定於人的修養。

時近傍晚，有一位和尚在返寺途中，突然雷聲隆隆，天下起了大雨，所幸不遠處有一座莊園，他只好去求住一宿，避避風雨。

莊園很大，守門的僕人見是個和尚求宿，便走進內室請示主人，主人不肯答應，和尚只好請求在屋簷下暫歇一晚，僕人依舊搖頭拒絕。和尚無奈，便向僕人問明了莊園主人名號，然後冒著大雨，全身濕透回了寺廟。

三年後，莊園老爺納了個小妾，寵愛有加。小妾想到廟裡上香祈福，老爺便陪著一起出門。

到了廟裡，老爺忽然瞥見自己的名字被寫在一塊顯眼的長生祿位牌上，心中納悶，找到一個正在打掃的小和尚，向他打聽這是怎麼回事。

小和尚笑了笑說：「這是我們住持三年前設的，有一天他淋著大雨回來，說有位施主和他沒善緣，所以為他寫了一塊長生祿位。住持天天誦經，傳些功德給他，希望能和那位施主解結，添些善緣……」

莊園老爺聽了這番話，當下瞭然，心中既慚愧又不安……後來，他便成了這座寺廟虔誠供養的功德主，香火終年不絕。

別人怎樣對待自己，自己就怎樣對待別人，是平常人最傾向於採取的處世之道；而不計前嫌，希望別人怎樣對待自己，自己就怎樣對待別人的人，才是真正的智者。

我們身處的這個世界越來越複雜，越來越擁擠，因此，生活給我們帶來的煩惱和人與之間的摩擦與碰撞幾乎每天都在所難免。

癡迷的，隱在矛盾裡面不能自拔，其苦不可言狀，許多刑事犯罪和心身疾病皆因思想偏執所致。如果我們在胸中裝上禪機，那麼，無論遇到什麼問題，都能迎刃而解，化險爲夷。

日本有位武士曾因白隱禪師一轉語而悟道的公案很能發人深省。

一次，這位武士問白隱禪師：「有人說世有地獄與極樂，真的有嗎？」禪師沒有從正面回答，而是循循善誘的引導武士開悟。

禪師故意指著武士輕蔑加侮辱的大罵，致使武士忍無可忍，抽刀砍向禪師，當武士怒髮衝冠、殺氣騰騰地雙手舉刀過頂時，禪師開口了：「可怕！這不就是地獄？」

真是一語驚醒夢中人，武士聞言，驚覺到自己的失態，馬上把刀丟掉，匍匐在禪師腳下，懺悔自己的魯莽。禪師展顏一笑：「這個感謝，不就是極樂嗎！」

原來，地獄、極樂、幸與不幸，全部都是自己的心造成的。有許多偏執與偏激的行爲，如果當事人靜下心來回頭反思一下，就會爲當時一念之差懊悔不已。

俗話說：「家家都有本難念的經」。夫妻之間、婆媳之間、妯娌之間，往往因一點雞毛蒜皮的事就爭吵不休，甚至大動干戈。遇到這類糾紛，清官也會感到棘手難斷。而家庭又是社會的一部分，家務事處理不好，也是社會不安定的隱患。我們不妨用禪的方式解決。

有人發明了一種藥方，治理人與人之間的關係很有效。其方法是：將你所仇恨的那個人的名字寫在一張紙上，也可連帶寫上他使你氣憤的言行，把紙條折疊好，貼肚皮放好，雙手勞宮對勞宮隔著衣服捂住紙條，然後靜坐參禪。

這時，你的眼前就會浮現出那個人的嘴臉，你的無名火就隨之竄上來，心跳加速，喘粗氣、冒熱汗，但你還是必須強迫自己把這個討厭的面孔一張嘴吞進肚子裡去；然後繼續打坐參禪。漸漸，腹內一片澄澈清涼，那個人的面容化爲烏有。

這時，你立即取出紙條，撕碎扔掉。這樣持續做幾天，紙條再貼近你的肚皮時，你不但不討厭他，反而會有一種親切感。

有道是：「大肚能容天下難容之事」，何況是與自己朝夕相處、風雨同舟的親人呢？將這個道理再擴展一點，對我們的同事、同鄉、同一個地球村的人類，不都應該如此寬容大度嗎？

忘記那些無心的傷害

《菜根譚》中寫道：「我有功於人不可念，而過則不可不念；人有恩於我不可忘，而怨則不可不忘。」意思是說：我雖然幫助或救助過別人，不要常常掛在嘴上或記在心裡。但是，假如有對不起別人的地方，卻不可不經常反省。別人曾經對我有恩，應常記於心，不可以輕易忘懷；別人做了對不起我的事，不可不忘掉。

一個有修養的人不同於一般人的地方，首先在於待人的恩怨觀是以恕人克己爲前提的。一般人總是容易記仇而不善於懷恩，因此有「忘恩負義」、「恩將仇報」、「過河拆橋」等等說法，古之君子卻有另有一番胸懷。他們懂得，爲人不可斤斤計較，少想別人的不足、別人待我的不是；別人於我有恩有勞應記取於心，人人都這樣想，人際關係就和諧了，世界就太平了。下面這個故事或許對我們有所啓示：

有兩個朋友結伴在沙漠中旅行，在旅途中的一個地方，他們因爲一件莫名的小事吵了起來。最後，其中一個人還給了另外一個一記耳光。被打的人心裡覺得很不是滋味，但是他卻一句話也沒說，只是默默的伸出了自己的一根手指，在沙子上寫下：「今天我的好朋友打了我一巴掌。」

之後，他們繼續往前走，只是總感覺少了點什麼東西。經過長途跋涉，他們終於走出了沙漠，結束了沙漠之旅。

他們來到了一個湖的邊上，好久都沒有見過這麼大、這麼美的湖了。於是，他們就決定下去游泳。不幸的是，挨巴掌的那位出於過度疲勞，差點溺水而亡，幸好被朋友救起來。在說過謝謝救命之恩後，他拿起一把小刀，在石頭上很小心的刻下：「今天我的好朋友救了我一命！」

朋友看到他又刻字了，十分好奇，就問：「爲什麼我打了你以後，你要把字寫在沙子上；而現在卻要把字刻在石頭上呢？」

他笑了笑，回答說：「當被一個朋友傷害時，要寫在容易忘卻的地方，歲月會負責抹去它；相反，如果得到幫助，我們要把它刻在心靈的深處，那裡雖然也有歲月的蠶食，但卻不能抹滅它的丁點光芒！」

在生活中，大多數的人對別人那些芝麻大的傷害斤斤計較；對那些莫大的幫助視而不見，心裡留下的也只有無窮的幽怨與煩悶。其實，只要我們忘記那些無心的傷害，銘記那些對你真心的幫助，就會發現人際交往的道路非常之寬廣。

持身不可太皎潔

《菜根譚》中寫道：「持身不可太皎潔，一切污辱垢穢要茹納得；與人不可太分明，一切善惡賢愚要包容得。」「能脫俗便是奇，做意尚奇者不是奇而為異；不合污便是清，絕俗以求清者，不為清而為激。」意思是說：立身處世不可太自命清高。對於一切羞辱、委屈、髒污都要適應並能容忍得下；與人相處不可善惡分得太清，不管是好人、壞人、聰明人、愚笨的人都要習慣以至包容。思想超越一般人又不沾染俗氣的人就是奇人，可是那種故意標新立異的人並非奇人而是怪異；不願與人同流合污就算是清高，可是為表示自己清高而就和世人斷絕來往，那就不是清高而是偏激。

孔子提出以成人之美與否來區分君子和小人。人不是生活在真空裡，必然要和各式各樣的人打交道，必然不能事事按自己的意願來做，這就必須學會適應社會和人生。李斯在《諫逐客書》中說：「泰山不讓土壤，故能成其大；江海不擇細流，故能就其深；王者不卻眾庶，故能明其德。」這就說明了「清濁並包，善惡兼容」的道理。不懂得這一道理的人，在為人處世方面就往往會遇到障礙。

小莉聰明又勤奮，她在所學的科技專業得了個博士不算，近幾年來忽然對心理學和哲學等大感興趣，修煉得益發智慧博學，滿腹經綸。她遍讀有關書籍，對透視人的靈性、分析人的心理、解剖人與人之間的關係，既有理論又有根據，能夠言簡意賅，一語道破，讓人不得不佩服她眼光之銳利，觀察之深刻。

因小莉本身條件優越，對別人的標準便也定得很高，求真求善之心熾熱。任何人在她的顯微鏡下一照，都不免原形畢露，性格上的瑕疵、語言內的涵藏、意願中的企圖、心靈裡的黑暗，都無所隱遁的明擺在光天化日之下。這麼一來，世界就變成荒蕪一片，簡直無人值得交，無人可信賴，無人不是一身毛病。

普天之下本無完人，連人們崇拜的神都自認不是十全十美，何況我輩芸芸眾生?人之初「性本善」或「性本惡」至今無定論。事實上也下不了定論。可能是因爲人性中固有善良的一面，也有醜惡的一面，而這正是人爲什麼是人，不是神或獸的原因。

人有善惡兩面，有性格和習慣上的優、缺之處，可憐人並不一定自知，能做到像曾子那樣「吾日三省吾身」的，在今天的世界上恐怕打著燈籠也難找。至於一般人，只是遵循著一定的軌跡在生活，並非每說句話或做件事都含有什麼意義和象徵。事實上，人也不必活得那麼認真，對別人懷有過高的期望，否則，不但容易失望，也難於與人相處，弄得自己吃苦，別人也跟著悶悶不樂。以下幾點建議可供參考：

一、要意識到「人無完人」

比如有個女孩，她雖然成績好，口齒伶俐，但不等於一好百好。「寸有所長，尺有所短」，她總有她的弱點，即使在她的長處方面，也總有比她強的人。她與人爭辯、吵架經常贏，偶然輸一次，本是生活中一件正常的事。她卻沒有這方面的心理準備，一次偶然的失敗，就導致心理失衡，情緒一落千丈，出現明顯的擔心、害怕、惶惶不安等不良情緒。這樣對自己發展只有百害而無利。在充滿競爭的社會生活中，要認識到「人無完人」，既要求自己不斷進步，又允許自己偶爾失敗，才能保持心理上的平衡。

二、要「得理讓人」

別人把她駁得說不出話來，她是那樣的生氣，那樣的恨別人。將心比心，她次次把人逼得無話可說，別人會不恨她嗎？所以，她在同儕中的衝突點太多了，以致她出現不良情緒後，沒有人同情她、幫助她，反而乘機攻擊她，使她「沒有任何朋友」。她的教訓告訴人們，與人發生爭論、衝突時，只要佔到了理，就應主動給人台階下，給別人留點面子，這樣你不僅在道理上戰勝了別人，更會在情感上戰勝別人，贏得別人的信任和尊重，朋友就會越來越多，在遇到困難和挫折時，別人就會主動幫助你。

三、要「寬容別人」

生活中經常聽人說：「我恨死××了！」這種憎恨心理是最要不得的。一方面，你在憎恨別人時，心裡總是忿忿不平，希望別人遭到不幸、懲罰，卻又往往不能如願，因此容易被一種失望、莫名煩躁的情緒所困擾；另一方面，在憎恨別人時，由於疏遠別人，只看到別人的短處，言語上貶低別人，行動上敵視別人，結果使人際關係越來越僵，以致樹敵爲仇。而且，今天記恨這個，明天記恨那個，結果朋友越來越少，嚴重影響人際關係和社會交往，成爲「孤家寡人」。這樣一來，不僅負面生活事件越來越多，而且承受能力也會越來越差，社會支持則不斷減少，以致在情緒一落千丈之後便一蹶不振。可見，憎恨別人，就如同在自己的心靈深處種下了一粒苦種，不斷傷害著自己的身心健康，而不是如己所願的傷害被她所憎恨的人。

所以，在別人傷害了你，心裡憎恨別人時，不妨設身處地的考慮一下，假如你自己處在這種情況下，是否也會如此呢?當你熟悉的人傷害了你時，想想他往日在學習或生活中對你的幫助和關懷，以及他對你的一切好處，這樣，心中的怒氣、怨氣就會大減，就能以寬容的態度諒解別人的過錯或消除彼此之間的誤會，化解矛盾，和好如初。從而使自己始終在良好的人際關係中心情舒暢的學習與工作。這樣，寬容的是別人，受益的卻是自己。

不可輕視任何人

《菜根譚》中寫道：「大人不可不畏，畏大人則無放逸之心；小民亦不可不畏，畏小民則無豪橫之名。」意思是說：對於一個有高深道德修養的人，不可不抱有敬畏的態度，因為敬畏有道德、有名望的人，就不會有放縱安逸的想法；對於平民百姓，也不可不抱有敬畏的態度，因為敬畏平民百姓，就不會有豪強蠻橫的惡名。

一次，張大千要從上海返回四川老家，行前好友爲他設宴餞行，並特邀梅蘭芳等人作陪。宴會開始，大家請張大千坐首座。張大千風趣的說：「梅先生是君子，應坐首座；我是小人，應陪末座。」

梅蘭芳和眾人聽了都不解其意。於是張大千解釋說：「不是有句話講：『君子動口，小人動手』嗎？梅先生唱戲是動口，我作畫是動手，我理該請梅先生坐首座。」

滿堂來賓聽後爲之大笑，並請兩個人並排坐了首座。張大千自稱爲「小人」，好似自貶，實則是自謙，是對梅先生尊重的表示。它表現了張大千的豁達胸懷和謙虛美德，又製造了寬鬆和諧的交談氛圍。看來，尊重對方在人際交往中是非常必要的，如果做不到這一點，就容易使彼此的關係陷入僵局。

有位知名的企業家代表公司與另一家公司洽談合作業務，但他卻在約定的時間過了以後才出現。一見面，他就一本正經的向對方說：「我忙得不得了，我們長話短說，過會兒我還有事。」

事實上，這句話說得大錯特錯，因爲這是公司與公司洽談業務，不是個人往來，是一種商業上的正式公關活動，不管公司規模大小，也不管知名度高低，就其地位來說，都是不等的。

這位企業家的言行舉止，無疑是在向對方暗示：「我是大企業的老闆、大忙人，自然地位也高於你，我能來已經是給你面子了。」

他這種狂妄自大的心態，毫無保留的表現在言語上，不但語氣令人聽了不舒服，用詞也不當，像那些「不得了」、「只能」、「很少」、「一點」等等「自大型」的形容詞，全都是爲了炫耀自己，貶低別人，根本就犯了人際往來的大忌。

因此，此話一出口，對方公司的代表人心裡自然不是滋味。結果是，人家送上門來的一筆幾十萬元的生意就此告吹了。

俗話說：「驕傲是失敗的種子。」對人的尊重和說話的禮貌，是任何一個想成功的人都不能掉以輕心的。

做氣和心暖之人

《菜根譚》中寫道：「天地之氣，暖則生，寒則殺。故性氣清冷者，受享亦涼薄。惟氣和心暖之人，其福亦厚，其澤亦長。」意思是說：大自然四季的變化，春夏氣候溫暖，萬物就獲得生長；秋冬氣候寒冷，萬物就失去了生機。做人的道理也一樣，一個性情高傲冷漠的人，他的表情就像秋冬的天氣那樣冷漠無情無人敢接近，因而他所能得到的福分自然就淡薄；只有那些個性溫和而又熱情幫助他人的人，他所獲得的福分不但豐厚，而且官位也會長久。

「天地之氣，暖則生，寒則殺」此乃是造物者所規定之自然規律。一個人的性情是需要磨煉的，待人太熱或太冷都不好。但在社會中，古道熱腸畢竟讓人願意接受，和和氣氣更是持家立業之根本。一個性情過於冷酷的人就如寒冬一般，使萬物喪失了生機，這種人很難得到人的協助。這樣，欲在生活中獲得成就就會增加很多阻力。

人際關係是現代人最重視的事，它可以成為我們一生的阻力或助力。因此，每一個人都在尋找和創造自己的最佳形象，希望成為一個魅力十足的人，受人歡迎，並令人信服。

「敬人者人恆敬之，助人者人恆助之。」形象是表，實質內涵是裡。人際關係也是一樣，博取好感建立初步關係，只是一個開始，而維持一項良好深刻的關係，則得靠愛心經營來做實質的運轉了。

在人際關係上，恐怕最大的障礙，就是每一個人都具有深重的內在恐懼。其實，這也很正常，所謂：「防人之心不可無」嘛！許多恐懼都是來自我們的思想、感情和行爲的信念。可以說是對他人、對不完美和痛苦所產生的本能畏懼。

但是，有時卻也正是由於我們對他人的設防心理，使得我們對自己的保護行爲阻礙了真實的交流。

交往之中懷有戒懼，便會產生防禦性的反應。如果能夠採取誠實、溫厚、開放的態度與他人打交道，自然能夠收到良好的回應。由於你的愛心，你可以期待你的生活和人際關係獲得改善。

生活中的每一個人和處境都是一份禮物，都在幫助我們超越設限，讓我們得以學習，並促進精神上更高自我的成長。

如果每個人都能夠用真情化解疑惑、猜忌、衝突的話，人際關係便會更順暢，工作也就無礙了。如果你希望在人際關係上化除敵意和抵制，有以下幾個準則可循：

一、積極表達善意。語言和行爲均要如此。不管別人的言語行爲如何，都不受其影響。

二、任何人際關係都是雙向的。困難和痛苦都是我們增加愛心增加智慧的機會。

三、創造人際關係機遇的是自己，不是別人。要主動採取行動和反應。

四、接受我們的生活夥伴原來的樣子。無論是戀人、子女、父母、朋友或同事，都有他們獨特的行事方式和愛。

五、以誠待人。隨時隨地都是我們體驗和創造愛的善緣，你可以將所有的際遇都視爲難能可貴的事。

記住：維持一項良好深刻的人際關係，得靠愛心經營。

不要輕易許諾

《菜根譚》中寫道：「不可乘喜而輕諾，不可因醉而生嗔，不可乘快而多事，不可因倦而鮮終。」

意思是說：不要乘著高興的時候對人隨便許下諾言，不要在醉酒時不加控制而隨便亂發脾氣，不要乘著一時稱心如意而不加檢點惹事生非，不要因為疲勞時疏懶而有始無終不把事情做完。

有些人在高興的時候，乘著一時喜悅的激動，就毫不思考事情的善惡，而輕易答應他人的請求。但等到答應了以後，事情要辦時卻發生了困難。這就失信於人，招致後悔。所以，我們不可輕易答應人家的請求，一經答應則要實行辦到。但這必須在承諾一件事之前，先仔細考慮這件事情的善惡與後果，能否實行。

不論在生活上或是工作上，一個人的信用越好，就愈能成功的打開局面，做好工作，你應對的客人愈多，你的事業就做得愈好。生活總是照顧那些講話算數的人。所以，你必須重視你自己所說的每一句話。

你無論對任何一件事許諾的時候，都必須慎重的掂量。

無論對大人對小孩，對妻子對父母，對同事對朋友，對上司對下屬，對名人對凡人，對老師對同學，對什麼人都是這樣；也無論大的許諾、小的許諾，眼前的許諾、將來的許諾，無論什麼樣的許諾都是這樣；無論你的許諾在什麼時候做出的，也都是這樣。要記得你的許諾價值千金。

處世爲人之道，大概沒有什麼比誠篤守信、取信於人更爲重要的了。你的言行舉止，時刻不可丟棄了這個根本。與人交往時，只要有這個根本存在，只要別人還信任你，其他方面的缺陷或許還有彌補的機會。若失去了這個根本，別人不相信你了，別人不願再與你共事，不願再與你打交道，那麼，你只能去孤軍奮戰——如今的社會，孤軍奮戰者，沒有幾個不失敗的。一旦許諾，就要做到。這樣才能成爲守信、誠實、靠得住的人。否則，就容易在生活和事業中遭受失敗。

公元前四〇八年，魏文侯拜樂羊爲大將，率領五萬人去攻打中山國。當時樂羊的兒子樂舒在中山國做官，中山國國君姬窟利用此父子關係，一再要求樂舒去請求寬延攻城時間。樂羊爲了減少中山國百姓的災難，一而再、再而三的答應了樂舒的要求。

如此三次，三個月過去了，樂羊還未攻城。這時的西門豹沉不住氣了，詢問樂羊爲何遲遲不攻城。樂羊說：「我再三拖延，不是爲了顧及父子之情，而是爲了取得民心，讓老百姓知道他們的國君是怎樣三番兩次的失信於人。」果然，由於中山國國君的一再失信，失去了百姓的支持，結果一戰即敗。

反過來，一個信守諾言的人，則往往易成功。

《左傳》記載，晉文公時，晉軍圍攻原這個地方，在圍攻之前，晉文公讓軍隊準備三天的糧食，並宣佈：「如果三天攻城不下，就要退兵。」

三天過去了，原的守軍仍不投降，晉文公便命令撤退。這時，從城中逃出來的人說：「城裡的人再過一天就要投降了。」

晉文公旁邊的人也勸說道：「我們再等一天吧！」

晉文公說：「信義，是國家的財富，是保護百姓的法寶。得到了原而失去了信，我們以後還能向百姓承諾什麼呢？我可不願做這種得不償失的蠢事。」

晉軍退兵後，原的守軍和百姓便紛紛議論道：「文公是這樣講求信義的人，我們爲什麼不投降呢？」於是大開城門，向晉軍投降。

晉文公憑著信義，獲得了不戰而勝的戰果。在這方面，諸葛亮的做法也非常值得一提。

三國時代，諸葛亮在祁山佈陣與魏軍作戰。長期的拉鋸戰，使士兵疲憊不堪，孔明爲了休養兵力，安排每次把五分之一的士兵送返國內。

戰爭越來越激烈，一些將領爲兵力不足而感到不安，便向孔明進言說：「魏軍的兵力遠遠超過我們的估計，以現在的兵力來看，恐怕難以獲勝，懇請將這次返鄉的士兵延緩一個月遣送，以確保兵力。」

孔明說：「我率軍的一個基本原則是：凡是與部下約好的事情必定要遵守。」於是，依然如期遣返。士兵們聽到這個消息後，都自動返回戰場，英勇作戰，結果大敗敵軍。

在這次戰爭中，孔明憑著信義，喚起了士兵的勇氣和鬥志，取得了勝利。

信譽實際上就是你成功處事的本錢，是你一種良好的處世形象。不管你在什麼情況下辦什麼事情，總要對自己所說的話負責。你用自己的行動說服別人的異議，讓他們親眼看到你所做的都是爲了他們的利益。爲了遵守諾言，你可以放棄其他，給人一個可信的面孔。

漢靈帝末年，華歆、王朗一同乘船逃難。有一個人要搭船，華歆很爲難，王朗說：「希望你大度一些，搭搭船有什麼不可以？」後來強盜追來，王朗想把搭船的人扔掉，華歆說：「我剛才之所以猶豫，正是因爲這個。既然已經接納了他，他把自己托付給我們了，怎麼能由於危難而拋棄他呢？」世人常以這件事判斷華歆和王朗的好壞。

信守諾言是人的美德。但是有些人在生活或生意上，經常不負責的許下各種諾言，而很少能遵守，結果毫無必要的給別人留下惡劣印象。

如果你說過要做某件事情，就必須辦到；如果你辦不到，覺得得不償失，或不願意去辦，就不要答應別人。

你要讓你的信用代表你，讓你的名字走進每一個與你打過交道的人當中，你要使他們信賴你，覺得你是一個可靠的人。

不可縱容朋友交遊之失

《菜根譚》中寫道：「處父兄骨肉之變，宜從容不宜激烈；遇朋友交遊之失，宜剴切不宜優遊。」意思是說：當遇到父母兄弟或骨肉至親之間發生家庭糾紛或人倫慘變事故時，應該保持沉著、從容的態度，絕對不可以感情用事，採取激烈言行，而把事情弄得更壞；當跟知心好友交往時，萬一遇到朋友有什麼過失，應該親切誠懇的直言規勸，絕對不可以由於怕得罪人而模稜兩可，眼看著他繼續下去。

在人與人相處交往的過程中，無論是家庭成員之間，還是社交場合的朋友之間，工作中的上下級以及同事之間，都難免會發生一些矛盾，或由於某種因素引發其行爲語言過失。此時，處理的方法只能是從容疏導，誠懇規勸，切忌縱容、袒護，否則，錯誤得不到糾正，矛盾得不到解決，甚至可能引發更嚴重的後果。

尹綽和赦厥同在趙簡子手下做官。赦厥爲人圓滑，會見風使舵，看主人的臉色行事，從來不說讓主子不高興的話；尹綽就不是這樣，他性格率直，對主子忠心耿耿盡職盡責。

一次，趙簡子帶尹綽、赦厥及其他隨從外出打獵。一隻灰色的大野兔竄出來，趙簡子命隨從全部出動，策馬追捕野兔子，誰抓到野兔誰受上獎。眾隨從奮力追捕野兔，結果踩壞了一大片莊稼。野兔子抓到了，趙簡子十分高興，對抓到野兔的隨從大加獎勵。尹綽表示反對，批評趙簡子的做法不妥。趙簡子不高興的說：「這個隨從聽從命令，動作敏捷，能按我的旨意辦事，我爲什麼不能獎勵他呢？」尹綽說：「他只知道討好您而不顧老百姓種的莊稼，這種人不値得獎勵。當然，錯誤的根源應該是在您的身上，您不提出那樣的要求，他也不會那樣去做。」趙簡子心裡悶悶不樂。

又一次，趙簡子因前一天晚上飲酒過多，醉臥不起，直到第二天已近晌午，仍在醉夢中。這時，楚國一位賢人應趙簡子三月前的邀請前來求見，赦厥接待了那位賢人。爲了不打擾趙簡子睡覺，赦厥婉言推辭了那位楚國人的求見，結果使那位賢人掃興而去。趙簡子一直睡到黃昏才醒來，赦厥除了關心趙簡子是否睡得香甜外，對來人求見的事只是輕描淡寫的敷衍了幾句。趙簡子感到非常滿意。

趙簡子常對手下人說：「赦厥眞是我的好助手，他眞心愛護我，從不肯在別人面前批評我的過錯，深怕傷害了我。可是尹綽就不是這樣，他對我的一點點缺點都毫不放過，哪怕是當著許多人的面也對我吹毛求疵，一點也不顧及我的面子。」

尹綽聽到這些話後，依然不放過趙簡子。他又跑去找趙簡子，他對趙簡子說：「您的話錯了！作爲臣下，就應幫助完善您的謀略和您的爲人。赦厥從不批評您，他從不留心您的過錯，更不會教您改錯。我呢，總是注意您的處世爲人及一舉一動，凡有不檢點或不妥之處，我都要給您指出來，好讓您及時糾正，這樣我才算盡到了臣子的職責。如果我連您的醜惡的一面也加以愛護，那對您有什麼益處呢？醜惡有什麼可愛的呢？如果您的醜惡越來越多，那又如何能保持您美好的形象和尊嚴呢？」

趙簡子聽了，似有所悟。

愛因斯坦說：「世間最好的東西，莫過於有幾個頭腦和心地都很正直的嚴正的朋友。」真正的愛護並不是一味討好，而是在發現對方的缺點錯誤後，真心指出並幫助其改正，只有這樣，才能促進對方的進步和成長。

責備別人時不可太嚴厲

《菜根譚》中寫道：「攻人之惡毋太嚴，要思其堪受；教人以善毋過高，當使其可從。」意思是說：當責備別人的缺點時不可太嚴厲，要考慮到他人是否能承受；教誨別人行善時，不可以要求太高，要考慮到對方是否能做到。

良藥苦口利於病，忠言逆耳利於行。要想與某人的關係更進一層，除了一般的關懷和讚美外，還要善於對他的缺點提出善意的批評，對他的不足提出忠告。這樣才是真正的善待別人。

生活中每個人都可能有缺點和過失。在忠告別人的時候，語氣心地要誠懇，要能讓對方更容易的接受。只有你態度真誠，心懷誠懇，方式得當，對方才會更願意接受你的勸告和開導。

對人進行忠告、勸告時，無論是對同事還是朋友，都要帶著誠意，而且要不失禮貌的表達，否則可能會傷害對方，並最終惹來反感。無論任何人，暴露自己的痛處或錯誤都不是愉快的事，因此，對人提忠告或進忠言時，應好好考慮時機和方法，本著「攻人之惡毋太嚴」的原則，盡量減小對方的不滿和牴觸情緒。如下建議可供參考：

一、忠告要展現出「忠」

忠告首先應該是對他誠心誠意的關懷。當你對某人提出批評時，如果對方發現你並不是爲了關心他才批評他，而是出於你個人的某種意圖，他馬上會站到與你敵對的立場上。

對人提出忠告的時候，應該抱著體諒的心情。他誠然在某些方面做得不對，但是他可能有難言的苦衷。所以，在提出忠告的時候，還要體諒他的難處，不要一味的強求或大加責難。必要的時候要深入他的內心，幫助他徹底的解決「心病」。

二、從實際出發

忠告要想獲得成功，必須瞭解真實情況，不要捕風捉影。只有瞭解了事實，你才能清楚的判斷是否有必要提出忠告，提出忠告的角度該怎麼選擇，忠告以後會有怎樣的效果。假如不瞭解朋友的意圖，就對他的行爲妄加非議，他會認爲你對他沒有盡到一個朋友的責任。

憑藉聽到的訊息忠告別人，容易引起誤解。這時補救的辦法是與他溝通，聽聽他怎麼說，等瞭解清楚事實之後，再想辦法消除誤解。

三、選擇措辭

掌握了事實真相和對方的心理，就該拿出勇氣來忠告，指出他應該改善的錯處。當然，要注意你的措辭，否則就容易得罪人。

「現在的年輕人自以爲是」，「別理他，反正我們沒有損失」，「這樣太可笑了……」在忠告別人的時候，運用諸如此類的措辭一定會失敗的。善意的忠告對對方表達的是一種關切和愛護之情，以懇切的忠告作爲幫助他們進步的動力，能夠很快的獲得愉快的人際關係。但是，假如用詞過於尖銳、刻薄或偏激，就可能激起對方的逆反和自衛心理，最終不但不會聽取你的勸告，還可能對你產生不好的看法。

四、注意場合

要注意，提出忠告，切忌在大庭廣眾之下。因爲提出忠告的時候必然涉及他的短處，觸動他的傷痛，而每個人都有自尊心，被當眾揭短時，情面上是很容易下不了台，從而很容易產生牴觸情緒。在這種情況下，即使你是善意的，他也會認爲你是在故意讓他當眾出洋相。

五、把握時機

在當事人感情衝動的時候不適合提出忠告，因爲在他衝動的時候，理智起不到半點作用，他也判斷不清你的用意。這時提出忠告，不僅不能解決問題，反而火上澆油。

六、簡潔而掌握重點

提出忠告的時候，要注意簡潔中肯，按照「一時一事」的原則。若是再加上回溯起對方過去的缺失，再予以責備，當然會引起對方的反感，不理睬你的好心了。所以，提出忠告要掌握重點，不要隨便提及其他的事情，這樣才能取得良好的效果。

批評別人時要溫和

《菜根譚》中寫道：「家人有過不宜暴揚，不宜輕棄。此事難言，藉他事而隱諷之；今日不悟，俟來日正警之。如春風之解凍、和氣之消冰，才是家庭的型範。」

意思是說：如果家裡的人犯了什麼過錯，不可以隨便大發脾氣亂罵，更不可以用冷漠的態度漠不關心，放任不管；如果他所犯的錯你不好直接批評，可以藉其他事情來暗示讓他改正；如果沒辦法立刻使他悔悟，就要拿出耐心等待時機再提醒勸告。

要循循善誘，就好像春天溫暖的和風一般，能消除冰天雪地的冬寒；要像溫暖的氣流一樣，能使冬天凍得如石塊的冰完全融化，這樣充滿一團和氣的家庭，才算是模範家庭。這不僅是處理家庭關係的一項原則，也可以作為處理朋友和同事關係的參考。

一次，子貢問孔子怎樣交朋友。孔子說：「忠言相告，好話勸導，他不聽就算了，不要自找羞辱。」在很多人看來，孔子的建議不失老道穩妥。

在與封建統治者長期共處的過程中，憑智力而入仕的士人，漸漸懂得了如何掌控自己的人生。一方面要生存下去，而且是不依賴統治者的賞賜，全憑自己在經濟生活中獨立自足；另一方面也要展現普遍推崇的「道」，以個人的認知去影響所依附的統治者，這就是對統治者的作爲，保持謹慎的溫和批判態度。

所謂「溫和批判」，是自孔夫子使使用的處世辦法。這種溫和批判的關鍵之處就在於有一定的「分寸」。

如何把握這樣一個「分寸」，便成了人生智慧中的基本環節。人各有志，不能強勉。

做爲下級，做爲朋友，你當然有義務以適當的方式勸諫你的上級，你的友人，但如果他們不聽，不採納你的意見，也只能作罷。你的話說到了，義也盡到了，有什麼辦法呢？

如果你硬要一廂情願地強迫他們接受你的意見，非要顯示自己的忠心，顯示自己的友情不可，每次見了面就說，絮絮叨叨，情急辭切，給人咄咄逼人的感覺，其結果是上級討厭你，朋友疏遠你，效果適得其反，處理得不好，可真的會自取其辱。

對於現代人來說，運用這一原則，不是在人際關係上要滑頭，也不是對朋友不忠，而是交友的藝術，聖人的經驗之談。

交朋友是人之平常行爲。不過，交友，應該有些具體的標準與條件。志同道合，作爲朋友的基礎和主要條件，人們似乎是可以認同的。相處近便是表面現象，而成爲朋友的根本，是志同道合。

既然雙方有共同的理想、志願，那麼，說話、做事，自然是要合拍、同道的。

朋友出了問題，或有了什麼想不開，做爲朋友，要真心誠意的勸告，善意的幫忙分析，這是朋友本該做的。但不能強求，只能悉聽尊便。

當然，當我們想批評和說服別人時，在放棄努力之前，一定要進行「忠告而善道之」的說服。所謂的善，就是要注意批評的方式。

一般人認爲，被批評肯定是不舒服的，是一件丟臉的事。因爲「不舒服」，被批評者往往會產生牴觸情緒，使批評的效果大打折扣，即批評的負效應。

但是，如果能夠很恰當的掌握批評的方法尺度，就能使批評達到春風化雨、甜口良藥也治病的效果。

其實，許多時候，批評的效果往往並不在於言語的苛刻，而在於形式的巧妙。正如包了糖衣的藥，不但可以減輕吃藥者的痛苦，而且會讓人樂於接受。批評也一樣，如果我們能在必要的時候加上一層「糖衣」，同樣也可以達到「甜口良藥也治病」的目的。

呵護別人的自尊

《菜根譚》中寫道：「人之短處，要曲為彌縫，如暴而揚之，是以短攻短；人有頑的，要善為化誨，如忿而嫉之，是以頑濟頑。」意思是說：發現別人有缺點過失，要很婉轉的為他掩飾或規勸，假如在很多人面前揭發傳揚，這不僅傷害別人的自尊心，也證明自己的無知和缺德，是用自己的短處來攻擊別人的短處；發現某人個性比較愚蠢固執時，就要很有耐心的慢慢誘導啟發他，假如厭惡他，不僅無法改變他的愚蠢固執，同時也證明了自己的愚蠢固執，就像是用愚蠢救助愚蠢。

一個善於處世的人，應該本著尊重別人個性習慣的原則去適應對方，充分呵護別人的自尊，照顧對方的面子，這樣才能取得良好的預期效果。

《三國演義》中有這樣一段故事：

劉備大敗，存亡未知；關羽被困在一座土山上，進退無路。但是，要叫耿介、傲岸、以忠義自詡的關羽投降，談何容易！張遼一到，關羽就先發制人：「文遠是來和我交戰的嗎？」

張遼說：「不是！」

「來作說客嗎？」

「不是。」

「那麼，是來幫我的了。」

「也不是。」

關羽覺得奇怪了：「既然都不是，那你到我這裡來幹什麼？」

張遼說：「我只想告訴你，劉備不知存亡，翼德不知生死；昨夜下邳已破，劉備的家眷都已落入曹操之手。」

「呸！你去告訴曹操，我雖處絕地，視死如歸。」

張遼知道，關羽是個很重面子的人，對這樣的節烈之士，與其用虛言蒙哄，倒不如用大義相責，給他一個冠冕堂皇的台階。

「死有什麼了不起，你就是死了，也犯了三條大罪。」張遼說，「當年劉備與你結義，發誓同生共死，現在，劉備剛敗，你就要戰死，倘使劉備復出，想要你幫忙而不可得，你豈不是負了當年的誓言？這是一。劉備把家眷托付給你，你一死，二位夫人依靠誰人？你辜負劉備之托，這是二。你武藝超群，兼通經史，不想與劉備共同匡扶漢室，卻總想用死來成就匹夫之勇，這是第三條罪狀。」

按照張遼的邏輯：死了，既不能幫劉備，也不能救二嫂，算不得「義」；還不能扶漢室，也算不得「忠」。不忠不義，死又何益？——這爲關羽的顏面鋪下了第一道下台階。

這時，關羽也就不沉吟了。

接著，張遼又勸說道：假如投降曹操，一者可以保二夫人，二者不背桃園之約；三者可留有用之身。

按照張遼的邏輯，降了曹操，倒是忠義兩全——為關羽的顏面鋪下了第二道下台階。

當然，關羽也不是傻子，如果就踏著張遼拋出的這兩道台階下台，不只有失身份，而且有損聲譽。於是，他煞有其事的提出三約。

他說：「一者，我與皇叔設誓，共扶漢室，如今我只降漢朝，不降曹操；二者，二嫂處請給皇叔俸祿養贍；三者，但知皇叔去向，即便辭去。」

如今，寧死不降的念頭已經打消，剩下的只是討價還價了。他提出的三約，實際上是為自己顏面所鋪設的第三道下台階。

在張遼的巧妙勸說和斡旋之下，關羽就順從的投到了曹操的帳下。這樣，關羽既保全了生命，又保持了忠義的美名；曹操免了一番廝殺，又收降了一員大將，這叫做各有所得，各取所需。

聰明的老祖宗發現，假如勸說別人有什麼秘訣的話，就是設身處地替別人想想，瞭解別人的態度和觀點；而一味的爲自己的觀點和主張作爭辯，往往只會陷於頂牛抬槓的境地。

機智靈活，剛柔相濟

《菜根譚》中寫道：「待善人宜寬，待惡人當嚴，待庸眾之人宜寬嚴互存。」意思是說：對待善良的君子，要寬厚；對待邪惡的小人，要嚴厲；對待一般平民大眾，要寬嚴互用。

古代知識分子待人處世講究靈活。一個人不能抱著滿腔熱情，懷著赤子之心卻不顧實際環境，不看周圍大眾的水準而自顧自的施展抱負，在待人處事的方式上一成不變，如果這樣的話，其結果非撞一鼻子灰不可，很難取得預期的效果。

應該說，機智靈活、剛柔相濟的處世方法在現代社會才能顯得成熟、穩妥，容易奏效。

英格蘭某地有一家知名的鞋廠鬧起了罷工，工人們組成工會，推舉了三個代表去向老闆要求增加百分之十五的工資。就這家鞋廠本身來說還是可以維持下去的，但如果罷工潮還這樣鬧下去，則工資增加以後，就會瀕臨破產。

老闆對這一點當然是知道的。當那三個代表出來交涉時，他也知道來者不善，便小心翼翼的應付，鄭重地去和他們個別談話，結果，這場嚴重的罷工潮後來竟然獲得了平息。

這主要歸功於老闆是一位很有手腕的人，他成功的採取了「遠交近攻」的策略，聯合與分化相結合，一一安撫了各個對手。

當第一位代表前來談判時，他裝出十分合作的神情笑著說：「我今天請你來不是想和你辯論，而是要透過談話來彼此瞭解。爲什麼大家都覺得必須要增加工資呢？」

那個工人的第一位代表毫不猶豫的回答道：「老闆你問我們要求增加工資的理由嗎？那是因爲生活費用提高了，我們當工人的，只是希望獲得的工資能滿足一家人的開支，那不是很公平嗎？」

「是的，那很正確！我很明白由於貨幣貶值，使你們的工資打了折扣。可是你們也得幫我們想想，如果再抬高工資的話，我這個工廠能否支持得下去呢？」

「這一點我們承認，但我們沒有必要站在你的立場考慮問題！」

「你這話不太合乎邏輯。因爲，工廠現在的情況，和你們的工資是密切相關的。你要知道，目前工廠內所用原料的價格，也在一天比一天高漲啊！」

「沒錯，原料價格的確是在上漲。」

「不但是原料價格上漲，而且工廠的稅賦也在增加，你們知不知道？」

「這與我們的工作內容相距較遠，所以我們不知道！」

「你們不知道？但你們知道出貨量一直在減少吧！」

「那跟我們沒關係，我們只知道工資不能滿足一家人的支出，因而想要求增加工資。」

「這些都是有連帶關係的，你們家中的情況我絕對知道。不過，現在問題的重心不是我給不給你們增加工資，而是要不要付你們的工資。」

「這話有點蹊蹺，請問這是什麼意思？」

「意思是這樣的，廠內此刻的收入連開銷都不夠，如若再增加工資，雖然僅是一筆小小的數目，但也許工廠就因此而維持不下去了！」

「這些話都是真的嗎？老闆！」

「當然是真的，我可以把賬目公開給你們看。」老闆說時，一邊把賬目拿出來擺在桌上，接下去說道：「這是我們去年買進的一批劣等貨，單是這一筆數目已經這麼大了。」他清楚而簡單的說明了工廠的處境，那個工人代表是個很有頭腦的人，自然明白了。

第二位接見的代表一進門，老闆的態度立刻完全變了，他說道：「對不起！我已經考慮過你們的要求了，不過，我無論怎樣都是不能答應的。」

「不能答應？那麼我只有辭職！」

「好的，好的！請你們儘管放心，你們走出我的工廠後，我決不會再找第二批工人來繼續做工，我會關門大吉！」

「工廠一關門，你的損失不是會更大。」

「老實告訴你吧，也許我現在關門，不會有什麼損失。千做萬做蝕本的生意我不做，就是我有足夠的財產我也不願做的。對於你們，我原本希望給你們公平的待遇，但我不能賠本給你們加工資。」

「老闆，這一部分是你的事，你另想辦法解決！我只想知道你到底要不要給我們增加工資？」

「我不能加！」

「好，我們既然沒有其他的法子可想，我們就只能採取罷工這一條路了！」

「隨你的便吧！但我要你們記住一件事，我在這個地方住了幾十年了，大家都知道我是一個很正直的人。無論是外面的人還是廠裡的工人，都明白我對僱員和工人從不刻薄。我一向是言而有信，罷工的事是你們工人自己的事，你們工人一定會比我更痛苦，但這是誰的錯呢？還有你，簡直是一個鼓動罷工潮的激進分子，前次罷工你也曾經煽動，好，我決定將你的底細告訴大家，我想大家一定會明瞭誰是擾事者。你儘管鼓動罷工吧，工廠若今天關門，全體失業的工人都會找你算賬。我的話到此為止。」於是，在老闆這一片嚴肅決斷的說話聲中，他只好退出門去了。老闆於是更加鎮定。

第三個進來的是位女工代表，名叫瑪莉亞。老闆對她又換了另一個態度。他說：「哦，我請你來是爲了要你告訴我，這次你們究竟爲了什麼事罷工？」

「你現在還不明白嗎？老闆！總之你不能給我們增加工資，我們便無法再繼續工作下去。」這是瑪莉亞的回答。

「你們放棄這份工作好了，我這工廠也不想再開下去了。工廠關了門，你們就會失業，你們有這個決心嗎？反過來說，假使我增加了你們的工資，我廠裡就要增加開支，但現在廠裡根本無法賺到這筆錢，這賠本生意我做不起！」

「但是我們好好工作，是爲了換取勞力的代價，我們只是要求這個代價公平。」

「瑪莉亞，你也太不顧慮到工廠的困難了！我得請問：你有沒有從你工資裡存些錢起來呢？」

「談不上存錢，因爲我必需養活我的父母！」

「但是你們工人之中，有許多人是存了不少錢的對不對？」

「老闆，這不見得，因爲，一般工人都靠辛苦掙來的錢養家糊口！」

「真的嗎？這可不妙了！既然是這樣，我可真要替你們擔心這個冬天了！」

「請告訴我，你說這些話是什麼意思？」

「好，我告訴你，我是在說現在物價上漲了了，開支大了，一些既無職業又無積蓄的人，他們冬天的日子將怎麼過呢？」

「老闆，你既然知道我們可憐，就給我們增加工資吧！」她變成了哀求的口吻。

「是啊！我應當可憐你們，我也知道你們的痛苦，我也自信能幫你們的忙，這當然是在工廠開工的情況下。但若工廠關了門，我也就無可奈何了！」在老闆的一片自言自語之中，瑪莉亞也很快退了出去。

就這樣，一場嚴重的罷工潮突然解決了。那個老闆才情機動靈活、剛柔並濟的策略，用三種不同的手腕，改變了三個代表者的態度——他用理智和開誠佈公的方法對付第一個代表，他用堅定的意志說走了第二個代表，他又用同情之術結束了和第三個代表的談判。這也使得我們不得不佩服他應付手段的高明。這正是《菜根譚》中所主張的機智和靈活。

生活中複雜的人際關係

《菜根譚》中寫道：「炎涼之態，富貴更甚於貧賤；妒忌之心，骨肉尤狠於外人。此處若不當以冷腸，御以平氣，鮮不日坐煩惱障中矣。」

意思是說：世態炎涼、人情多寡、冷暖的變化，在富貴之家比貧窮人家顯得更鮮明；嫉恨、猜忌的心理，在骨肉至親之間比跟陌生人顯得更厲害。一個人處在這種場合假如不能用冷靜態度來應付這種人情上的變化，不能用理智來壓抑自己不平的情緒，那就難免終日停留在煩惱的氛圍中了。

「共患難易，共富貴難」，貧窮之家因患難相助反而很重骨肉之情，富貴之家往往爲了爭權奪利而父子交兵或兄弟鬩牆。

關於此點，我們可從歷代的宮廷對抗中得到明證。例如漢武帝就曾在長安城內跟自己的太子大動干戈，最後竟把太子逼得走投無路懸樑自盡，追究其真正原因也莫不是爲了爭權奪利。又如武則天爲了篡奪大唐天下，竟然不惜謀殺自己的親生子女。

還有歷史上的貢英主唐太宗，由於自己是次子而無法繼承大統當皇帝，竟狠下心腸用毒辣手段發動「玄武門之變」殺死親兄和親弟。

尤其最殘酷的是隋煬帝，自己雖然已經被冊立爲太子，可是爲了急於當皇帝掌握大權，竟然不惜背逆倫常謀殺親父隋文帝而即位……在中國歷史中，類似這樣的事例屢見不鮮。

根據《史記》中記載，趙武靈王推行「胡服騎射」，使國力大增，滅掉了中山國，還有想滅掉秦國的雄心壯志，後來，卻因爲一個錯誤導致了國弱身死，給了秦國統一六國的契機。他犯了什麼樣的錯誤呢？

首先是，他不按常理，廢長立幼，把有功勳、有能力的太子趙章廢了，自己在盛年時退位，讓自己的小兒子趙何當王，導致被廢太子趙章心中不滿，伺機謀反，給自己種下了被殺的禍根；其次，在一次朝拜的時候，他看到自己的大兒子——身高馬大的威武之士，跪拜在十四歲的小兒子面前行君臣禮，他又動了惻隱之心，封大兒子爲代王，分割了趙國的力量，無疑，傷了一個統一大國的元氣，兩個本有隔閡的兒了，客觀上又如何不形成軍事力量上的對立呢？

終於，在一次父子三人的遊玩中，各宿一宮，給趙章叛亂製造了機會，後來趙章被殺，趙武靈王也因此牽扯進去，雖然沒有被直接殺死，卻也是餓死宮中，枉了早年的雄心。

難怪《菜根譚》中說：「炎涼之態，富貴更甚於貧賤；妒忌之心，骨肉尤狠於外人。」趙章與趙何的哥弟之爭，趙武靈王間接被其弟公子成逼死，就是最好的例證。

當然，不僅是帝王之家會有複雜人際關係的煩惱，即便是普通的人家，也會遇到各種不同的問題，有時，要想處理好，他也是非常麻煩的。

曾子到瓜園除草，不小心把瓜根斬斷了，他的父親曾皙就發脾氣，拿起大木棍打他，把曾子打倒在地上；過了一會清醒過來後，他驚恐的站起來，走上前說：「剛才我得罪了父親，你教導我，沒有受傷吧！」他退到屏風後面彈琴唱歌，想讓曾皙聽到他的歌聲，表示他心裡很平靜。

孔子聽到這件事，就指示門人說：「曾參來了不要讓他進來！」

曾子自己認爲沒有罪，派人向孔子謝罪，孔子說：「你聽到瞽叟有個兒子叫做舜，舜侍奉他的父親，如要找他使喚他，就在他的身邊，如要殺他，絕對找不到；小鞭子打幾下就受住，大鞭子打就該走，要逃避一時的衝動。現在你等你父親去打，你不走避，把你打死了，等於你陷你的父親於不孝不義，還有比這更大的罪過嗎？你難道不是天子的臣民，殺害天子的臣民該當何罪？」

像曾子這樣的人，又是孔子的門人，自己有罪還不知怎樣自處才妥當，做人真是難啊！

為鼠常留飯，憐蛾不點燈

《菜根譚》中寫道：「『為鼠常留飯，憐蛾不點燈』。古人此等念頭，是吾人一點生生之機。無此，便所謂土木形骸而已。」

意思是說：為了不讓老鼠餓死，就經常留一點剩飯給牠們吃；為了飛蛾不至被燒死，夜晚只好不點燈火，古人的這種慈悲心腸，就是我們人類繁衍不息的生機。假如人類沒有這一點愛心，那麼人就變成了一具沒有靈魂的軀殼，這樣也不過和泥土、和樹木相同罷了。

古人所說的「爲鼠常留飯」，未必是真的是讓人給老鼠留飯，而是勸人爲人處世要有同情弱者的胸懷。人性有惡善，待人也應以慈悲爲懷，不能以算計人爲出發點。正因爲慈悲心腸的人多了，人世間便自有一片溫情。

有這樣一個有趣的實驗：

美國心理學家爲從動物實驗中獲得有關愛的人類行爲線索，特地爲幼猴設計了五種人造母猴，觀察「母親」的拒絕會在幼猴的身上引起怎樣的反應：第一種偶爾用壓縮空氣吹幼猴；第二種會猛烈晃動，致使幼猴無法爬到母親身上；第三種裝有彈簧，能將幼猴彈開；而第四種「母親」的身上居然佈滿了鐵釘。但這四種「母親」都未能將幼猴從牠的「母親」身邊趕開。

唯獨第五種體內灌有冰水的母猴使幼猴躲在牆角，並永久的拒絕了母親。

很多人認爲是因爲自己不被別人理解，才造成了人與人之間的隔閡；實際上往往是因爲在與人交往的時候不夠熱情、主動，表現冷漠，才造成了自己的孤獨感。

俗話說：愛人者，人恆愛之。一個愛人的人，必能得到他人的愛。廣施愛心，必能廣得愛的回報，人際交往就會非常成功。

法國畫家夏爾丹說：「人類在探索太空，征服自然後，終將會發現自己還有一股更大的力量，那就是愛的力量，當這天來臨時，人類文明將邁向另一個新紀元。」

愛，是無技巧的技巧，是開發交際能的根本技巧，其他的技巧都派生於「愛」這一根本技巧。

人生最珍貴的，就是愛；最容易被我們所忽視的，也是愛。只要對人生多一些理解，只要能夠感受到愛，只要心中有愛，就是幸福的。而且，在生活中，愛能夠創造很多奇蹟。

二十五年前，有位教社會學的大學教授，曾叫班上學生到巴爾的摩的貧民窟，調查兩百名男孩的成長背景和生活環境，並對他們未來的發展做一評估。每個學生的結論都是：「他們毫無出頭的機會」。

二十五年後，另一位教授發現了這份研究，他叫學生做後續調查，看昔日這些男孩今天是何狀況。

根據調查，除了有二十名男孩搬離或過世，剩下的一百八十名中有一百七十六名成就非凡，其中擔任律師、醫生或商人的比比皆是。

這位教授在驚訝之餘，決定深入調查此事。

他拜訪了當年曾受評估的年輕人，跟他們請教同一個問題，「你今日會成功的最大原因是什麼？」結果他們都不約而同的回答：「因爲我遇到了一位好老師。」

這位老師目前仍健在，雖然年邁，但還是耳聰目明，教授找到她後，問她到底有何絕招，能讓這些在貧民窟長大的孩子個個出人頭地？

這位老太太眼中閃著慈祥的光芒，嘴角帶著微笑回答道：「其實也沒什麼，我愛這些孩子。」

顯然，如果我們每個人都學會在生活中隨處播灑自己的愛心，多一分關愛給身邊的人，給別人一個關懷的眼神，一句鼓勵的話語，一個燦爛的微笑，一個溫暖的擁抱，這世界將會變成美好的人間。

讀品文化-讀者回函卡

- 謝謝您購買本書，請詳細填寫本卡各欄後寄回，我們每月將抽選一百名回函讀者寄出精美禮物，並享有生日當月購書優惠！
  想知道更多更即時的消息，請搜尋"永續圖書粉絲團"
- 您也可以使用傳真或是掃描圖檔寄回公司信箱，謝謝。
  傳真電話：(02) 8647-3660　信箱：yungjiuh@ms45.hinet.net

◆ 姓名：　□男　□女　□單身　□已婚

◆ 生日：　□非會員　□已是會員

◆ E-Mail：　電話：(　)

◆ 地址：

◆ 學歷：□高中及以下　□專科或大學　□研究所以上　□其他

◆ 職業：□學生　□資訊　□製造　□行銷　□服務　□金融
□傳播　□公教　□軍警　□自由　□家管　□其他

◆ 閱讀嗜好：□兩性　□心理　□勵志　□傳記　□文學　□健康
□財經　□企管　□行銷　□休閒　□小說　□其他

◆ 您平均一年購書：□ 5本以下　□ 6～10本　□ 11～20本
□ 21～30本以下　□ 30本以上

◆ 購買此書的金額：

◆ 購自：　市(縣)
□連鎖書店　□一般書局　□量販店　□超商　□書展
□郵購　□網路訂購　□其他

◆ 您購買此書的原因：□書名　□作者　□內容　□封面
□版面設計　□其他

◆ 建議改進：□內容　□封面　□版面設計　□其他
您的建議：

剪下後傳真、掃描或寄回至「22103新北市汐止區大同路三段194號9樓之1讀品文化收」

廣 告 回 信
基隆郵局登記證
基隆廣字第 55 號

2 2 1-0 3

新北市汐止區大同路三段 194 號 9 樓之 1

讀品文化事業有限公司　收

電話/(02)8647-3663　傳真/(02)8647-3660

劃撥帳號/18669219　永續圖書有限公司

請沿此虛線對折免貼郵票或以傳真、掃描方式寄回本公司，謝謝！

讀好書品嘗人生的美味

菜根譚的智慧：大智若愚